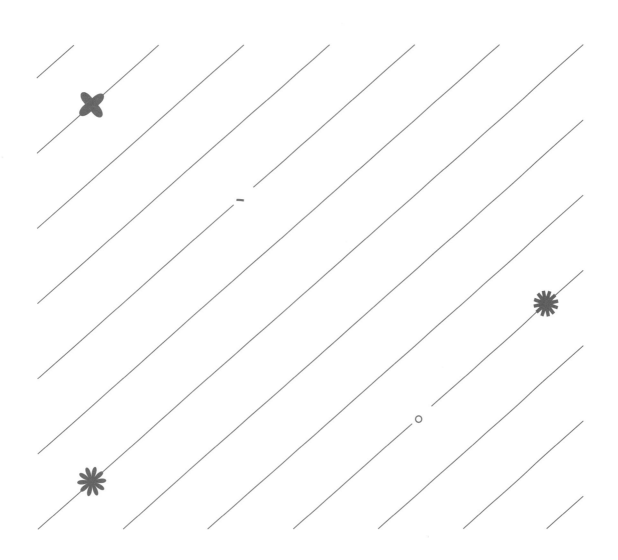

하루 5분
용기를 주는 일본어 필사

@everyday.meigen 지음
서인 옮김

동양북스

저는 여러 가지 말로 이루어져 있습니다.

고민이 있을 때, 우울할 때, 저는 지금까지 만났던 말들을 되새기려고 합니다. 자신의 실제 경험에 말을 거듭함으로써, 거기서 다양한 것을 배울 수 있습니다. 말은 나의 일부이며 항상 살아가는데 힌트를 주는 소중한 존재입니다.

그런 생각에서 문득 지금까지 만난 말들을 누군가와 공유하고 싶다는 생각을 하게 되어 인스타그램에 글을 올리기 시작했습니다. 그러자 바로 저에게 굉장히 기쁜 일이 일어났습니다. 팔로워분들께 '마음이 많이 편해졌어요', '항상 위로받고 있어요' 등의 댓글을 많이 받게 된 것입니다.

'이런 아무것도 없는 나라도 누군가에게 도움이 될 수 있어. 조금 더 말로 사람들을 격려하고 싶다.'

그렇게 생각하게 되고 나서는 거의 매일 글을 올리게 되었습니다. 지금은 15만 명 이상이 팔로워가 되어주시고, 총 좋아요 수는 280만 이상입니다.

이 책은 인스타그램에 올린 1000개 이상의 명언에서, 특히 인기 있었던 100개를 엄선한 명언집입니다. 팔로워분들과 함께 제작한 명언집이라고 할 수 있습니다.

'행복이 뭐였지?'라고 생각이 들 때, 인간관계에 고민이 있을 때, 잘 풀리지 않고 힘들 때, 일이나 공부에 지쳤을 때, 매일이 지루하다고 느낄 때, 분명 이 책의 말이 당신에게 다가와 지지해 줄 것입니다. 그리고, 따라 쓰며 자신의 일부로 가게 함으로써, 어제보다 당신이 더 자신다운 삶을 살 수 있기를 바랍니다.

@everyday.meigen

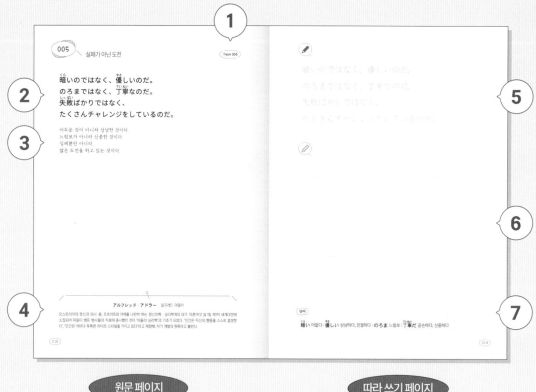

원문 페이지   따라 쓰기 페이지

① 네이티브 낭독 MP3

네이티브의 음성을 들어 보세요. 개별 파일과 전체를 이어 들을 수 있는 ASMR 형식의 파일이 제공됩니다. 필사하면서는 물론이고 등하굣길/출퇴근길 또는 잠들기 전 수시로 들어 보세요!

② 일본어 원문

일본어 원문을 읽어 보세요. 후리가나가 있어 모르는 한자라도 어렵지 않게 읽을 수 있어요!

③ 한국어 번역문

한국어 번역문을 읽어 보세요. 원문만 보고 의미를 이해하는 것이 어렵다면 번역문의 도움을 받아 보세요!
(자연스러운 의미 전달과 이해의 도움을 위해 원문에서 벗어나지 않는 의역이 이루어졌습니다.)

④ 발언자 정보

문장의 발언자 정보를 확인해 보세요. 철학가, 심리학자, 종교인, 영화 배우 등의 다양한 인물의 정보가 적혀있어요!

⑤ 따라 쓰기

가이드를 따라 써 보세요. 시선이 분산되지 않고 올바르게 문장을 따라 쓸 수 있어요!

⑥ 자유롭게 쓰기

자유롭게 쓸 수 있는 공간이에요. 다시 한 번 문장을 적거나 문장에 대한 감상을 적어 보세요!
(문장의 길이에 따라 이 공간이 없는 경우도 있습니다.)

⑦ 주요 단어

문장에 사용된 단어의 의미를 확인해 보세요. 새로운 단어를 습득하며 어휘력을 키울 수 있어요!

저자의 말 • 003

이 책의 활용법 • 004

목차 • 005

001 ╲ '민폐를 끼치고 있는 것'을 잊지 않는 삶 • 010

002 ╲ 어른의 매너 • 012

003 ╲ 의욕의 결단 • 014

004 ╲ 실패에서 성공까지 • 016

005 ╲ 실패가 아닌 도전 • 018

006 ╲ Impossible • 020

007 ╲ 오늘이 마지막인 것처럼 • 022

008 ╲ 돈으로 살 수 없는 것 • 024

009 ╲ 모두의 포기 시점 • 026

010 ╲ 죽을 때 가장 후회하는 5가지 • 028

011 ╲ 궁극적인 행복 4가지 • 030

012 ╲ 벽이라는 기회 • 032

013 ╲ 행복의 연기 • 034

014 ╲ 인생의 책임과 깨달음 • 036

015 ╲ 나다운 실패 • 038

016 ╲ 10분 • 040

017 ╲ 참는 것과 노력의 차이 • 042

018 ╲ 괴로움 너머의 새로운 나 • 044

019 ╲ 상냥함이 이끄는 올바름 • 046

020 ╲ 행복과 불행 • 048

021 ╲ 평생 행복하고 싶다면 • 050

022 ╲ 100년이 지나면 • 052

023 ╲ 침묵의 지혜 • 054

024 ╲ 남의 욕을 전하는 사람 • 056

025 ╲ 고민은 천천히 • 058

026 ＼ 머리보다 마음 • 060

027 ＼ 운명은 마음먹기에 따라 • 062

028 ＼ 도망의 대가 • 064

029 ＼ 차이 • 066

030 ＼ 실패와 도전을 통한 성장 • 068

031 ＼ 하루하루를 소중히 • 070

032 ＼ 옳다고 믿는 것을 행하라. • 072

033 ＼ 행복을 부르는 10가지 • 074

034 ＼ 가장 좋을 때 • 076

035 ＼ 친해지기 쉬운 사람의 조건 • 078

036 ＼ 경험의 가치 • 080

037 ＼ 타인을 바라보는 마음의 크기 • 082

038 ＼ 자신감 • 084

039 ＼ 길의 선택과 삶의 태도 • 086

040 ＼ 좋아하는 것을 놓치지 마세요. • 088

041 ＼ 자기 마음과의 싸움 • 090

042 ＼ 인간이 변하는 3가지 방법 • 092

043 ＼ 노력의 결과 • 094

044 ＼ 한 번뿐인 인생 • 096

045 ＼ 운을 끌어들이는 힘 • 098

046 ＼ 많은 실패와 노력 • 100

047 ＼ 인생이란 지금의 연속 • 102

048 ＼ 단 한마디 • 104

049 ＼ 20년 후 • 106

050 ＼ 서로에 대한 믿음 • 108

051 ╲ 실패 없는 하루 • 110

052 ╲ 어른의 기분 • 112

053 ╲ 노력하는 사람과 게으른 사람 • 114

054 ╲ 불행해지기 전에 불행해지고 있는 마음 • 116

055 ╲ 누가 곁에 있어 주었는가. • 118

056 ╲ 다양한 길 • 120

057 ╲ 인생의 눈금 • 122

058 ╲ 변함없는 사람 • 124

059 ╲ 먹고, 듣고, 말하는 것으로 • 126

060 ╲ 지금 할 수 있는 일을 찾으세요. • 128

061 ╲ 부끄러움 • 130

062 ╲ 나와 미래의 변화 • 132

063 ╲ 외면에서 드러나는 내면 • 134

064 ╲ 구렁텅이에 빠지면 구멍을 파라. • 136

065 ╲ 실패를 받아들이는 자세 • 138

066 ╲ 준비의 시간 • 140

067 ╲ 마음의 한계 • 142

068 ╲ 인생은 즐기는 것 • 144

069 ╲ 한 걸음 나아가기 • 146

070 ╲ 후회 없는 삶 • 148

071 ╲ 마음의 정화 • 150

072 ╲ 높은 곳을 향한 도전 • 152

073 ╲ 앞으로는 괜찮아질 뿐 • 154

074 ╲ 관계의 순환 • 156

075 ╲ 그 한마디 • 158

076 〉 오늘의 반성 • 160

077 〉 색다른 시야 • 162

078 〉 미래를 위한 1분 • 164

079 〉 옳은 말의 신중함 • 166

080 〉 노력의 모습 • 168

081 〉 오늘이 당신에게 가장 젊은 날입니다. • 170

082 〉 행복의 향수 • 172

083 〉 후회와 함께하는 삶 • 174

084 〉 스스로 만든 벽 • 176

085 〉 어제의 나 • 178

086 〉 현재의 가능성 • 180

087 〉 운명의 결단 • 182

088 〉 인생의 이중성 • 184

089 〉 현재를 살아라. • 186

090 〉 한 걸음 더 • 188

091 〉 인생의 재미 • 190

092 〉 인생의 진정한 가치 • 192

093 〉 '카키쿠케코'의 정신 • 194

094 〉 생각하는 대로 살아라. • 196

095 〉 꿈을 이루기 위한 집념 • 198

096 〉 좋은 인생 • 200

097 〉 행동이 정의하는 나 • 202

098 〉 지금 현재만을 봐라. • 204

099 〉 진정한 친구 • 206

100 〉 청춘이라는 촘촘함 • 208

출처 • 212

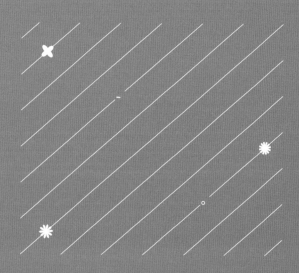

하루 5분 용기를 주는 일본어 필사

日本の親は、「人に迷惑かけちゃダメだよ」と子供に教えるが、
インドでは、「お前は人に迷惑かけて生きているのだから、
人のことも許してあげなさい」と教えてあげるという。
前者は、息苦しさを、後者には、ホッとするものを感じる。
(中略)
"迷惑をかけない"ように生きるのではなく、
"迷惑をかけていること"を忘れない生き方の方が、
私は素敵だと考える。

일본의 부모는 "남에게 민폐를 끼치면 안 돼"라고 아이에게 가르치지만,
인도에서는 "너는 남에게 민폐를 끼치고 살고 있으니까
다른 사람도 용서해 줘"라고 가르친다고 한다.
전자는 답답함을, 후자는 안도감을 느낀다.
(중략)
민폐를 끼치지 않도록 사는 것이 아니라,
민폐를 끼치고 있는 것을 잊지 않는 삶이
나는 멋지다고 생각한다.

中下 大樹　나카시타 다이키

스님, 사회복지사. 대학원에서 터미널 케어(질병으로 생명이 얼마 남지 않은 사람에게 실시하는 의료·간호적, 간병적 돌봄)을 배워 진종 오타니파 주지 자격을 얻은 후, 호스피스(완화 케어 병동)에서 많은 말기 암 환자의 간호에 종사. '생명'을 키워드로 한 다양한 활동도 실시하고 있다. 저서에 《슬퍼하는 힘(悲しむ力)》등 다수.

日本の親は、「人に迷惑かけちゃダメだよ」と子供に教えるが、

インドでは、「お前は人に迷惑かけて生きているのだから、人のことも許してあげなさい」と教えてあげるという。

前者は、息苦しさを、後者には、ホッとするものを感じる。

（中略）

"迷惑をかけない" ように生きるのではなく、"迷惑をかけていること" を忘れない生き方の方が、私は素敵だと考える。

単어

親 부모 | 迷惑をかける 민폐를 끼치다 | 許す 용서하다 | 前者 전자 | 息苦しさ 답답함 | 後者 후자 |
ホッとする 안도하다, 마음이 놓이다 | 生き方 삶

上機嫌でいることは、
大人としての最低限のマナー。
不機嫌で許されるのは、子供だけ。
自分の機嫌くらい自分でとろう。
周りのせいにせず、環境のせいにせず、
限りある大切な今を幸せな気持ちで生きよう。

기분 좋은 상태를 유시하는 것은
어른으로서의 최소한의 매너.
기분이 안 좋아도 용서받을 수 있는 것은 아이뿐이다.
자기 기분 정도는 자기가 다스리자.
주변을 탓하지 않고, 환경을 탓하지 않고,
끝이 있는 소중한 지금을 행복한 마음으로 살자

巨椋 修 오구라 오사무

만화가이자 작가, 영화 감독, 격투기 선수, 양명문 호신 권법의 사범이다. 공식 블로그인 '오구라 오사무의 등교거부 · 히키코모리 · 니트(족)를 생각한다(巨椋修の不登校・ひきこもり・ニートを考える)'를 운영한다. 저서《등교 거부의 진실(不登校の真実)》이 2003년에 영화화되어 스스로 감독을 맡았다.

上機嫌でいることは、

大人としての最低限のマナー。

不機嫌で許されるのは、子供だけ。

自分の機嫌くらい自分でとろう。

周りのせいにせず、環境のせいにせず、

限りある大切な今を幸せな気持ちで生きよう。

「やる気がなくなった」のではない。
「やる気をなくす」という決断を
自分でしただけだ。
「変われない」のではない。
「変わらない」という決断を
自分でしているだけだ。

"의욕이 없어졌다"가 아니다.
"의욕을 없앤다"라는 결단을
스스로 했을 뿐이다.
"바꿀 수 없다"가 아니다.
"변하지 않는다"라는 결단을
스스로 하고 있을 뿐이다.

アルフレッド・アドラー   알프레드 아들러

오스트리아의 정신과 의사. 융, 프로이트와 어깨를 나란히 하는 정신의학·심리학계의 대가. 마흔여섯 살 때, 제1차 세계대전에 소집되어 마음이 병든 병사들의 치료에 종사했던 것이 '아들러 심리학'의 기초가 되었다. '인간은 자신의 행동을 스스로 결정한다', '인간은 저마다 독특한 라이프 스타일을 가지고 있다'라고 제창해, 자기 계발의 원류라고 불린다.

「やる気がなくなった」のではない。
「やる気をなくす」という決断を
自分でしただけだ。
「変われない」のではない。
「変わらない」という決断を
自分でしているだけだ。

단어

やる気(き) 의욕 | 決断(けつだん) 결단 | 変わる(か) 변하다, 바뀌다

しっ ぱい
失敗したところでやめてしまうから
しっ ぱい
失敗になる。
せい こう   つづ
成功するところまで続ければそれは
せい こう
成功になる。

실패한 지점에서 그만두니까
실패가 된다.
성공하는 데까지 계속하면 그것은
싱공이 된다.

まつした こう の すけ
松下 幸之助　　마쓰시타 고노스케

마쓰시타 전기 산업(현 파나소닉) 창업자. 9세에 혼자 오사카의 난로 가게나 자전거 가게에서 일했다. 23세에 마쓰시타 전기기구제작소(나중의 마쓰시타 전기 산업)를 창업. 일대에 세계 유수의 가전 메이커를 쌓아 올려 '학력도 돈도 없는 삶의 성공'이라고 말했다.

失敗したところでやめてしまうから
失敗になる。
成功するところまで続ければそれは
成功になる。

실패가 아닌 도전

暗いのではなく、優しいのだ。
のろまではなく、丁寧なのだ。
失敗ばかりではなく、
たくさんチャレンジをしているのだ。

어두운 것이 아니라 상냥한 것이다.
느림보가 아니라 신중한 것이다.
실패뿐만 아니라,
많은 도전을 하고 있는 것이다.

アルフレッド・アドラー　알프레드 아들러

오스트리아의 정신과 의사. 융, 프로이트와 어깨를 나란히 하는 정신의학·심리학계의 대가. 마흔여섯 살 때, 제1차 세계대전에 소집되어 마음이 병든 병사들의 치료에 종사했던 것이 '아들러 심리학'의 기초가 되었다. '인간은 자신의 행동을 스스로 결정한다', '인간은 저마다 독특한 라이프 스타일을 가지고 있다'라고 제창해, 자기 계발의 원류라고 불린다.

暗いのではなく、優しいのだ。

のろまではなく、丁寧なのだ。

失敗ばかりではなく、

たくさんチャレンジをしているのだ。

\ Impossible

Nothing is impossible,

the word itself says, I'm possible.

（訳）

不可能（ふかのう）なことなどないわ。

だって、Impossible（不可能（ふかのう））という単語（たんご）に、

I'm possible（私（わたし）にはできる）と書（か）いてあるのだから。

Nothing is impossible,
the word itself says, I'm possible.
（해석）
불가능한 일은 없어.
왜냐하면, Impossible（불가능）이라는 단어에,
I'm possible（나는 할 수 있다）이라고 써 있으니까.

オードリー・ヘプバーン　오드리 헵번

벨기에 출신의 할리우드 여배우. 영화 '로마의 휴일'로 데뷔해 아카데미상 여우주연상을 수상했다. '티파니에서 아침식사를', '마이 페어 레이디' 등의 명작에 출연했다. 노년에는 유니세프 친선대사로서 세계를 돌며 불우한 사람들, 난민의 지원에 힘썼다. 1992년에 미국의 대통령 자유 훈장을 수상했다.

Nothing is impossible,

the word itself says, I'm possible.

(訳)

不可能なことなどないわ。

だって、Impossible(不可能)という単語に、

I'm possible(私にはできる)と書いてあるのだか

ら。

好きな人ができたら好きだと告げるべし。
これ！と思うものは迷わず買うべし。
旅に出たいと思ったら行ける所まで行ってみるべし。
80になってやらなかったことの後悔が
やってしまったことの後悔より深いことを知る。
やりたいことをとことんやるべし。
今日限りの命のつもりで。永遠に生きるつもりで。

좋아하는 사람이 생기면 좋아한다고 말할 것.
이거!라고 생각하는 것은 망설이지 말고 살 것.
여행을 떠나고 싶다면 갈 수 있는 곳까지 가볼 것.
80살이 되어 하지 못했던 것에 대한 후회가
했던 일에 대한 후회보다 더 깊은 것을 안다.
하고 싶은 일을 끝까지 할 것.
오늘이 마지막인 셈 치고. 영원히 살 생각으로.

小池 一夫 고이케 가즈오

만화 원작자이자 소설가, 작사가. "만화는 캐릭터를 확립하는 것이 중요하다"를 신조로 하고 있으며, 임팩트가 강한 캐릭터를 차례차례 만들어냈다. 《아들을 동반한 검객(子連れ狼)》, 《고요키바(御用牙)》, 《수라설희(修羅雪姫)》등의 만화 원작을 다루며 초기의 《고르고13(ゴルゴ13)》에도 관계가 있다. 《아들을 동반한 검객(子連れ狼)》는 1987년 이른 시기에 미국에서 성공한 작품으로 일본 만화 붐의 시초가 된다.

好きな人ができたら好きだと告げるべし。
これ！と思うものは迷わず買うべし。
旅に出たいと思ったら行ける所まで行ってみるべし。
80になってやらなかったことの後悔が
やってしまったことの後悔より深いことを知る。
やりたいことをとことんやるべし。
今日限りの命のつもりで。永遠に生きるつもりで。

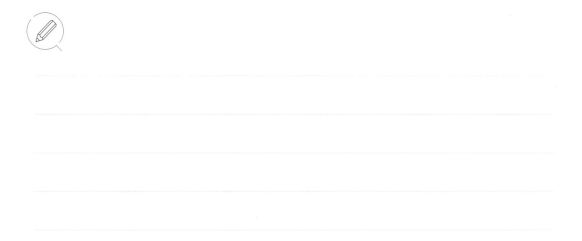

단어

告(つ)げる 고하다, 알리다 | 〜べし ~해야 한다, ~일 것이다 | 迷(まよ)う 망설이다, 고민하다 | 旅(たび)に出(で)る 여행(길)을 떠나다 | 後悔(こうかい) 후회 | 命(いのち) 목숨 | 永遠(えいえん) 영원

023

돈으로 살 수 없는 것

お金で「家」は買えるけれど、「家庭」は買えない。
お金で「時計」は買えるけれど、「時間」は買えない。
お金で「名医」は買えるけれど、「健康」は買えない。
お金で「地位」は買えるけれど、「尊敬」は買えない。
お金で「血」は買えるけれど、「命」は買えない。
お金で「セックス」は買えるけれど、「愛」は買えない。

돈으로 '집'은 살 수 있지만, '가정'은 살 수 없다.
돈으로 '시계'는 살 수 있지만, '시간'은 살 수 없다.
돈으로 '명의'는 살 수 있지만, '건강'은 살 수 없다.
돈으로 '지위'는 살 수 있지만, '존경'은 살 수 없다.
돈으로 '피'는 살 수 있지만, '생명'은 살 수 없다.
돈으로 '섹스'는 살 수 있지만, '사랑'은 살 수 없다.

マダム・ホー 마담 그레이스 호

미국 캘리포니아주에 거주하는 풍수사이자 점쟁이, 멘탈 코치. 해피니스 · 밸런스 연구소 대표를 맡고 있다. 풍수, 돈, 마인드셋 등 수많은 세미나를 개최하고 있다. 저서에 《꿈을 이루는 마담 호의 '해피니스 풍수' 생활(夢を叶えるマダム・ホーの「ハピネス風水」生活)》, 《마담 호의 돈과 운을 얻게 되는 풍수 활용술(マダム・ホーのお金と運にめぐまれる風水活用術)》 등 다수.

お金で「家」は買えるけれど、

「家庭」は買えない。

お金で「時計」は買えるけれど、

「時間」は買えない。

お金で「名医」は買えるけれど、

「健康」は買えない。

お金で「地位」は買えるけれど、

「尊敬」は買えない。

お金で「血」は買えるけれど、

「命」は買えない。

お金で「セックス」は買えるけれど、

「愛」は買えない。

단어

家庭（かてい）가정｜時計（とけい）시계｜名医（めいい）명의｜健康（けんこう）건강｜地位（ちい）지위｜尊敬（そんけい）존경

キミがうまくいかないところは

みんなもうまくいかないところだよ。

つまり多くの人のあきらめ地点と言ってもいい。

このあきらめ地点で耐えて

工夫して努力を続けて乗り越えたとき

キミは他の人が見られない

景色を 見ることができる。

네가 잘 풀리지 않을 때는

모두가 잘 풀리지 않을 때야.

즉 많은 사람의 포기 지점이라고 말할 수 있어.

이 포기 지점에서 버티고

궁리하고 계속해서 노력하여 극복했을 때

너는 다른 사람을 볼 수 없는

경치를 볼 수 있어.

Testosterone   테스토스테론

twitter 팔로워 수 190만명이 넘는 근육 트레이닝계 인플루언서. 학창시절에는 몸무게 110kg의 거구였지만, 미국 유학중에 근육 트레이닝을 만나 40kg 다이어트 성공. 올바른 근육 트레이닝법과 효능을 전파하는 활동을 하고 있다. 저서 《근력 운동이 최강의 솔루션이다(筋トレが最強のソリューションである)》등이 있다.

キミがうまくいかないところは

みんなもうまくいかないところだよ。

つまり多くの人のあきらめ地点と言ってもいい。

このあきらめ地点で耐えて

工夫して努力を続けて乗り越えたとき

キミは他の人が見られない

景色を見ることができる。

ナースが聞いた「死ぬ前に語られる後悔」ＴＯＰ５
1. 自分自身に忠実に生きれば良かった。
2. あんなに一生懸命働かなくても良かった。
3. もっと自分の気持ちを表す勇気を持てば良かった。
4. 友人関係を続けていれば良かった。
5. 自分をもっと幸せにしてあげれば良かった。

간호사가 들은 '죽기 전에 하는 후회' 5가지
1. 나 자신에게 충실하게 살았으면 좋았을 텐데.
2. 너무 열심히 일하지 않아도 좋았을 텐데.
3. 좀 더 내 기분을 표현할 용기를 가졌으면 좋았을 텐데.
4. 친구 관계를 계속 이어갔으면 좋았을 텐데.
5. 나를 더 행복하게 해줬으면 좋았을 텐데.

ブロニー・ウェア 브로니 웨어

호주 출신 작가. 종말기 의료에 종사하는 간병인이기도 하다. 많은 종말기 환자를 간호한 경험을 블로그가 주목을 받아, 그것들을 정리한 저서 《내가 원하는 삶을 살았더라면》을 출판. 세계 30개국 이상에서 번역돼 일본에서도 큰 화제를 모았다.

ナースが聞いた「死ぬ前に語られる後悔」TOP5

1. 自分自身に忠実に生きれば良かった。

2. あんなに一生懸命働かなくても良かった。

3. もっと自分の気持ちを表す勇気を持てば
　　良かった。

4. 友人関係を続けていれば良かった。

5. 自分をもっと幸せにしてあげれば良かった。

にんげん　しあわ　　　　　　　　　　　　　かね
人間の幸せは、ものやお金ではありません。

にんげん　　きゅうきょく　しあわ　　　　　つぎ
人間の究極の幸せは、次の４つです。

　　　　　　　　ひと　あい
その１つは、人に愛されること。

　　　　　　ひと
２つは、人にほめられること。

　　　　　　ひと　やく　た
３つは、人の役に立つこと。

　　　　　さい　ご　　　　ひと　　　ひつよう
そして最後に、人から必要とされること。

인간의 행복은 물건이나 논이 아닙니다.
인간의 궁극적인 행복은 다음 네 가지입니다.
그 중 첫 번째는 사람들에게 사랑받는 것.
두 번째는 사람들에게 칭찬받는 것.
세 번째는 사람들에게 도움이 되는 것.
그리고 마지막으로, 사람들에게 필요로 하는 것.

おおやま　やすひろ
大山 泰弘　오야마 야스히로

분필의 제조판매를 담당하는 '일본이화학공업'(가와사키시)의 사장, 회장을 역임했다. 장애인 고용을 추진하고 있으며, 1975년 가와사키시에 일본 최초로 지적장애인 다수 고용 모델 공장을 건립했다. 종업원의 70% 이상이 지적장애인이다.

人間の幸せは、ものやお金ではありません。

人間の究極の幸せは、次の4つです。

その1つは、人に愛されること。

2つは、人にほめられること。

3つは、人の役に立つこと。

そして最後に、人から必要とされること。

단어

究極 궁극 | 愛される 사랑받다 | ほめられる 칭찬받다 | 役に立つ 도움이 되다 | 必要 필요

壁<ruby>かべ</ruby>というのは、できる人<ruby>ひと</ruby>にしかやってこない。
超<ruby>こ</ruby>えられる可能性<ruby>かのうせい</ruby>がある人<ruby>ひと</ruby>にしかやってこない。
だから、壁<ruby>かべ</ruby>がある時<ruby>とき</ruby>はチャンスだと思<ruby>おも</ruby>っている。

벽이라는 것은 잘하는 사람에게만 찾아온다.
넘을 수 있는 가능성이 있는 사람에게만 찾아온다.
그래서 벽이 있을 때는 기회라고 생각한다.

鈴木 一朗<ruby>すずき いちろう</ruby>   *스즈키 이치로*

전 프로야구 선수 · 메이저리거. 드래프트 4순위로 오릭스 입단하여 1994년에 당시 최다인 210안타를 기록한 뒤 7년 연속 선두 타자가 되었다. 2001년에 시애틀 매리너스로 이적한 후에도 10년 연속 200개 안타를 달성하며 메이저리그에서도 스타 선수가 되었다. 2004년에는 메이저리그 신기록인 262안타를 쳤다.

壁というのは、できる人にしかやってこない。
超えられる可能性がある人にしかやってこない。
だから、壁がある時はチャンスだと思っている。

しあわせそうに振(ふ)る舞(ま)ってごらん。
今(いま)は演技(えんぎ)でも、気(き)づいた頃(ころ)には
本当(ほんとう)の縁起(えんぎ)に変(か)わってる。

행복한 듯이 행동해 봐.
지금은 연기라도, 깨달았을 때는
진짜 행운이 따를 거야.

ヤポンスキーこばやし 画伯(がはく) 야폰스키 고바야시 화백

개그맨. 코미디 콤비 '야폰스키'를 결성했지만, 2012년에 해산. 그 후, 야폰스키 코바야시 화백으로 활동 중. 스케치북이나 만화를 사용하여 개그를 한다. '헤노헤노모헤지(ひらがな의 'へ'를 눈썹과 입, 'の'를 눈, 'も'를 코, 'じ'를 얼굴 윤곽으로 하여 사람 얼굴을 그린 것)'를 사용해, 동물이나 애니메이션 캐릭터를 그리며, 소재는 5000종류 이상이다. 포켓몬을 좋아한다.

しあわせそうに振る舞ってごらん。

今は演技でも、気づいた頃には

本当の縁起に変わってる。

人生にはおもしろくないことが
たくさん起こる。
それは全て自分に責任がある。
何かを気づかせるために
起こるということを
知っておいたほうがいい。

인생에는 재미없는 일이
많이 일어난다.
그것은 모두 자신에게 책임이 있다.
뭔가를 깨닫게 하기 위해서
일어나는 것이라는 걸
알아두는 것이 좋다.

松下 幸之助　마쓰시타 고노스케

마쓰시타 전기 산업(현 파나소닉) 창업자. 9세에 혼자 오사카의 난로 가게나 자전거 가게에서 일했다. 23세에 마쓰시타 전기기구제작소(나중의 마쓰시타 전기 산업)를 창업. 일대에 세계 유수의 가전 메이커를 쌓아 올려 '학력도 돈도 없는 삶의 성공'이라고 말했다.

人生にはおもしろくないことが
たくさん起こる。
それは全て自分に責任がある。
何かを気づかせるために
起こるということを
知っておいたほうがいい。

단어

人生_{じんせい} 인생 | おもしろい 재미있다 | 責任_{せきにん} 책임

他人のように
上手くやろうと思わないで、
自分らしく失敗しなさい。

남들처럼
잘하려고 생각하지 말고,
나답게 실패하세요.

大林 宣彦　오바야시 노부히코

영화감독이자 CF 디렉터. 어린 시절부터 영화를 찍기 시작했으며, 자체제작 영화의 개척자적 존재. 고향 오노미치를 무대로 한
《전학생(転校生)》,《시간을 달리는 소녀(時をかける少女)》,《쓸쓸한 사람(さびしんぼう)》는 '오노미치 3부작'으로 알려져
있다. 암으로 시한부 선고를 받고도 영화에 대한 열정은 잃지 않고 2019년 유작 《라비린스 오브 시네마(海辺の映画館ーキネ
マの玉手箱)》을 완성했다.

他人のように
上手くやろうと思わないで、
自分らしく失敗しなさい。

お前が寝る前にベッドで無駄に
スマホを見て過ごした十分は
明朝、お前が死ぬほど寝たかった十分

네가 자기 전에 침대에서 쓸데없이
스마트폰을 보면서 보낸 10분은
내일 아침 네가 죽을 만큼 자고 싶을 10분

작자 미상

お前が寝る前にベッドで無駄に

スマホを見て過ごした十分は

明朝、お前が死ぬほど寝たかった十分

「嫌{いや}なことを一生懸命{いっしょうけんめい}我慢{がまん}すること」が
「頑張{がんば}る」ことだと
長{なが}らく思{おも}い込{こ}んでいたけれども、
「頑張{がんば}る」とは「最良{さいりょう}の結果{けっか}に向{む}けて
尽力{じんりょく}すること」であって、
我慢{がまん}とは別物{べつもの}であると気{き}づけて良{よ}かった。

"싫은 일을 열심히 참는 것"이
"노력한다"는 것이라고
오랫동안 믿고 있었지만,
"노력한다"는 것은 "최선의 결과를 향해
힘쓰는 것"이며,
참는 것과는 다른 것이라는 것을 깨달아서 다행이다.

작자 미상

「嫌なことを一生懸命我慢すること」が

「頑張る」ことだと

長らく思い込んでいたけれども、

「頑張る」とは「最良の結果に向けて

尽力すること」であって、

我慢とは別物であると気づけて良かった。

018 괴로움 너머의 새로운 나

Track 018

いちばん くる
一番苦しいときが
いちばん せいちょう
一番成長するとき。
の こ さき
乗り越えた先には
あたら じ ぶん ま
新しい自分が待っている。

가장 괴로울 때가
가장 성장할 때.
이겨낸 끝에는
새로운 네기 기디리고 있다.

たぐち ひさと
田口 久人　　다쿠치 히사토

Instagram(@yumekanau2)에서 일, 가족, 인생 등을 주제로 한 말을 엮어 '마음을 울린다', '위안 받는다'고 화제가 되었다. 현재 팔로워는 약 64만 명. 저서로 《붙는다! 자기 분석 시트(受かる！自己分析シート)》, 《붙는다! 면접 능력 양성 시트(受かる！面接力養成シート)》, 《20대부터 자신을 강하게 하는 '아카사타나하마야라와'의 법칙(20代からの自分を強くする「あかさたなはまやらわ」の法則)》, 《문득 이대로도 좋다는 생각이 들었습니다(そのままでいい)》, 《분명 내일은 좋은 날이 된다(きっと明日はいい日になる)》등 많이 있어, 누계 66만부를 넘는다.

一番苦しいときが
一番成長するとき。
乗り越えた先には
新しい自分が待っている。

상냥함이 이끄는 올바름

「正^{ただ}しさ」と「優^{やさ}しさ」を
天秤^{てんびん}にかければ、
僕^{ぼく}は、優^{やさ}しさを優先^{ゆうせん}したい。
正^{ただ}しさは、優^{やさ}しさの後^{あと}に
ついてくるものなんじゃないかなあ。

"올바름"과 "상냥함"을
저울질해 보면,
나는 상냥함을 우선시하고 싶다.
올바름은 상냥함 뒤에
따라오는 거 아닐까?

小池 一夫 _{こいけ かずお}　고이케 가즈오

만화 원작자이자 소설가, 작사가. "만화는 캐릭터를 확립하는 것이 중요하다"를 신조로 하고 있으며, 임팩트가 강한 캐릭터를 차례차례 만들어냈다. 《아들을 동반한 검객(子連れ狼)》, 《고요키바(御用牙)》, 《수라설희(修羅雪姫)》등의 만화 원작을 다루며 초기의 《고르고13(ゴルゴ13)》에도 관계가 있다. 《아들을 동반한 검객(子連れ狼)》는 1987년 이른 시기에 미국에서 성공한 작품으로 일본 만화 붐의 시초가 된다.

「正しさ」と「優しさ」を

天秤にかければ、

僕は、優しさを優先したい。

正しさは、優しさの後に

ついてくるものなんじゃないかなぁ。

행복과 불행

世の中には幸も不幸もない。
ただ、考え方で
どうにもなるのだ。

세상에는 행복도 불행도 없다.
다만, 사고방식으로
어떻게든 되는 것이다.

ウィリアム・シェイクスピア 윌리엄 셰익스피어

영국의 극작가이자 시인. 《로미오와 줄리엣》, 《햄릿》등의 명작을 남겼다. 예리한 인간 관찰력에 의해 고뇌나 갈등 등의 심리묘사를 능수능란하게 그려 문학사상 가장 위대한 극작가 중 한 명으로 꼽힌다. '사랑은 그저 미친 짓이에요(《로미오와 줄리엣》에서)' 등 수많은 명언이 있다.

世の中には幸も不幸もない。
ただ、考え方で
どうにもなるのだ。

世の中 세상 | 幸 행복 | 不幸 불행 | 考え方 사고방식 | どうにもなる 어떻게든 되다

평생 행복하고 싶다면

一日だけ幸せでいたいならば、床屋に行け。
一週間だけ幸せでいたいなら、車を買え。
一カ月だけ幸せでいたいなら、結婚をしろ。
一年だけ幸せでいたいなら、家を買え。
一生幸せでいたいなら、正直でいることだ。

하루만 행복하고 싶다면 이발소로 가라.
일주일만 행복하고 싶으면 차를 사라.
한 달만 행복하고 싶다면, 결혼을 해라.
일 년만 행복하고 싶다면 집을 사라.
평생 행복하고 싶다면 정직해라.

영국의 속담

一日だけ幸せでいたいならば、床屋に行け。

一週間だけ幸せでいたいなら、車を買え。

一カ月だけ幸せでいたいなら、結婚をしろ。

一年だけ幸せでいたいなら、家を買え。

一生幸せでいたいなら、正直でいることだ。

単어

一日_{いちにち} 하루, 1일 | 幸せ_{しあわ} 행복 | 床屋_{とこや} 이발소 | 一週間_{いっしゅうかん} 일주일 | 一カ月_{いっかげつ} 한 달 | 結婚_{けっこん} 결혼 | 一年_{いちねん} 1년 | 一生_{いっしょう} 일생, 평생 | 正直_{しょうじき} 정직, 솔직

気^きにしない。 気^きにしない。
百年^{ひゃくねん}たったら、みんな
この世^よにいないんだから。

신경 안 써. 신경 안 써.
100년이 지나면 모두
이 세상에 없으니까.

작자 미상

気にしない。気にしない。
百年たったら、みんな
この世にいないんだから。

一言多い人って、すごく損をしている。
その一言を言った方は、
言ってやった感があって
一時満足するだろうが、
自分の価値を落とすだけ。
どこで黙るか、
その一言を言わないのが大人。

말 한마디 많은 사람은 굉장히 손해를 보고 있다.
그 한마디를 한 쪽은,
말해줬다는 마음으로
잠시 만족하겠지만,
자신의 가치를 떨어뜨릴 뿐.
어디서 침묵할지,
그 한마디를 안 하는 게 어른.

小池 一夫　고이케 가즈오

만화 원작자이자 소설가, 작사가. "만화는 캐릭터를 확립하는 것이 중요하다"를 신조로 하고 있으며, 임팩트가 강한 캐릭터를 차례차례 만들어냈다. 《아들을 동반한 검객(子連れ狼)》, 《고요키바(御用牙)》, 《수라설희(修羅雪姫)》등의 만화 원작을 다루며 초기의 《고르고13(ゴルゴ13)》에도 관계가 있다. 《아들을 동반한 검객(子連れ狼)》는 1987년 이른 시기에 미국에서 성공한 작품으로 일본 만화 붐의 시초가 된다.

一言多い人って、すごく損をしている。

その一言を言った方は、

言ってやった感があって

一時満足するだろうが、

自分の価値を落とすだけ。

どこで黙るか、

その一言を言わないのが大人。

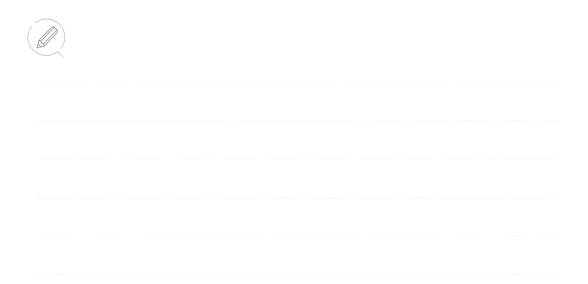

「他人」の悪口を
私に聞かせる人は
「私」の悪口を
他人に聞かせる。

'남'의 욕을
나에게 들려주는 사람은
'나'의 욕을
님에게 들려준다.

작자 미상

「他人」の悪口を
私に聞かせる人は
「私」の悪口を
他人に聞かせる。

他人（たにん）남, 타인 | 悪口（わるぐち）욕, 악담 | 聞（き）かせる 들려주다, 일러주다

悩んだ時はゆっくり
時間をかけて３回考える。
１度目に思ったことは
「その時だけの感情」
２度目に思ったことは
「前の気持ちを引きずっての答え」
３度目に思ったことは
「自分の本当の気持ち」

고민할 때는 천천히
시간을 들여서 세 번 생각한다.
첫 번째로 생각한 것은
'그때만의 감정'
두 번째로 생각한 것은
'그 마음을 끌고 온 대답'
세 번째로 생각한 것은
'내 진심'

작자 미상

悩んだ時はゆっくり

時間をかけて3回考える。

1度目に思ったことは

「その時だけの感情」

2度目に思ったことは

「前の気持ちを引きずっての答え」

3度目に思ったことは

「自分の本当の気持ち」

머리보다 마음

人間が人間として生きていくのに
一番大切なのは、
頭の良し悪しではなく、
心の良し悪しだ。

인간이 인간으로서 살아가는데
제일 중요한 것은,
머리가 좋고 나쁨이 아니고,
마음의 좋고 나쁨이다.

中村 天風　나카무라 덴푸

기업가이자 사상가. 러일 전쟁의 스파이로서 활약해, 귀국 후에 폐결핵이 발병. 병을 계기로 인생을 깊이 생각하고 세계를 편력한다. 히말라야 요가 성자 지도를 받아, '자신은 대우주의 힘과 결부되어 있는 강한 존재다'라고 깨닫고 병을 극복. '생명의 힘'을 발휘하기 위한 '심신통일법'을 제창하고 보급 활동을 실시했다.

人間が人間として生きていくのに

一番大切なのは、

頭の良し悪しではなく、

心の良し悪しだ。

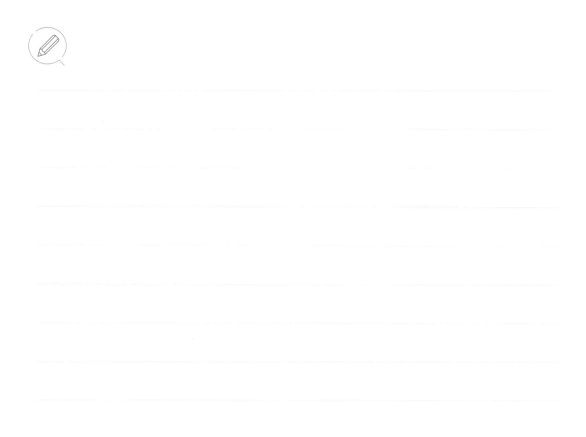

단어

頭 머리 | **良し悪し** 좋고 나쁨 | **心** 마음

全^{すべ}てがうまくいくわけはない。
気^き持^もち次^し第^{だい}で運^{うん}命^{めい}は変^かわる。

모든 것이 잘 될 수는 없다.
마음먹기에 따라 운명은 바뀐다.

작자 미상

全てがうまくいくわけはない。

気持ち次第で運命は変わる。

今日逃げたら
明日はもっと大きな
勇気が必要になるぞ。

오늘 도망치면
내일은 더 큰
용기가 필요할 거야.

二宮 修二　니노미야 슈지

고야노 타카오의 축구 만화 《ANGELVOICE (엔젤 보이스)》의 등장인물이다. 포지션은 MF(왼쪽 사이드 하프), 등번호는 8. 불량배의 일원이었지만 축구 연습에 참가하게 된다. 깨달음을 얻은 듯한 대사가 많아 독자들로부터 철인으로 불린다.

今日逃げたら
明日はもっと大きな
勇気が必要になるぞ。

차이

実力の差は努力の差
実績の差は責任感の差
人格の差は苦労の差
判断力の差は情報の差

실력의 차이는 노력의 차이
실적의 차이는 책임감의 차이
인격의 차이는 고생의 차이
판단력의 차이는 정보의 차이

武田 信玄 다케다 신겐

전국 시대의 무장. 카이코쿠(현재의 야마나시현)의 슈고 다이묘. 에치고국(현재의 니가타현)의 무장 우에스기 켄신과의 '가와나 카지마 전투'가 유명하다. 또한 정치적 수완도 있어 가마나시강에 제방을 쌓아 범람을 억제하고 닛타의 개발을 가능하게 하였다. 현재도 인기가 높은 전국 무장 중 한 명이다.

実力の差は努力の差

実績の差は責任感の差

人格の差は苦労の差

判断力の差は情報の差

실패와 도전을 통한 성장

良くするためには、成長するしかない。
成長するためには、失敗するしかない。
失敗するためには、挑戦するしかない。

잘하기 위해서는 성장하는 수밖에 없다.
성장하기 위해서는 실패할 수밖에 없다.
실패하기 위해서는 도전하는 수밖에 없다.

작자 미상

良くするためには、成長するしかない。

成長するためには、失敗するしかない。

失敗するためには、挑戦するしかない。

単어

成長 성장 | **〜しかない** 〜할 수밖에 없다 | **失敗** 실패 | **挑戦** 도전

\ 하루하루를 소중히

どうぞ一日一日を大切に過ごしてください。
そして、「今日はいいことがある。
いいことがやってくるんだ。」
そう思って生活してみてください。
心が少しは楽になりますよ。

아무쪼록 하루하루를 소중히 보내시길 바랍니다.
그리고 '오늘 좋은 일이 있다.
좋은 일이 찾아온다.'
그렇게 생각하고 생활해 보세요.
마음이 조금은 편해집니다.

瀬戸内 寂聴 세토우치 자쿠초

작가 천태종의 여승. 2006년에 문화훈장을 수상했다. 자신의 불륜 경험에 근거한 소설 《여름의 끝(夏の終り)》으로 여류문학상을 수상하며 작가로서의 입지를 다졌다. 반세기 이상에 걸쳐 활발히 집필활동을 실시해, 400권 이상의 책을 출판. 또, 교토 · 사가노에 '만다라산적암'을 열고 사경모임과 법화모임을 가졌다.

どうぞ一日一日を大切に過ごしてください。

そして、「今日はいいことがある。

いいことがやってくるんだ。」

そう思って生活してみてください。

心が少しは楽になりますよ。

단어

どうぞ 아무쪼록, 부디 | 過ごす 보내다, 지내다 | やってくる 다가오다, 찾아오다 | 生活 생활 | 楽に
なる 편해지다

옳다고 믿는 것을 행하라.

重要なのは行為そのものであって、
結果ではない。
行為が実を結ぶかどうかは、
自分の力でどうなるものではなく、
生きているうちにわかるとも限らない。
だが、正しいと信ずることを行いなさい。
結果がどう出るにせよ、
何もしなければ何の結果もないのだ。

중요한 것은 행위 그 자체이며,
결과가 아니다.
행위가 결실을 맺을지 어떨지는
자신의 힘으로 어떻게 되는 것이 아니라,
살아 있는 동안 알 수 있다고도 할 수 없다.
그러나 옳다고 믿는 것을 행하라.
결과가 어떻게 나오든 간에,
아무것도 하지 않으면 아무 결과도 없는 것이다.

マハトマ・ガンディー   마하트마 간디

인도 독립운동의 지도자. 인도의 영국으로부터의 독립운동을 지휘하였는데 민중폭동이나 게릴라전이 아닌 비폭력, 불복종으로 싸우는 것을 관철했다. 영국에 의한 염세에 항의한 운동 '소금행진'으로 세계에 알려지게 되었다. 간디의 생일인 10월 2일은 '국제 비폭력의 날'가 되었다.

重要なのは行為そのものであって、

結果ではない。

行為が実を結ぶかどうかは、

自分の力でどうなるものではなく、

生きているうちにわかるとも限らない。

だが、正しいと信ずることを行いなさい。

結果がどう出るにせよ、

何もしなければ何の結果もないのだ。

【幸せを呼ぶ10カ条】

1. いつも「いいこと」を口にする。
2. 悪口、陰口は言わない。
3. どんなときも笑顔を忘れない。
4. 自分から先に挨拶する。
5. 相手の話に最後まで耳を傾ける。
6. 自分と他者を比べようとしない。
7. 相手の短所ではなく、長所を見るようにする。
8. 何が起きても「これでよかった」と信じる。
9. たくさん鏡を見て、自分を好きになる。
10.「すみません」より「ありがとう」という。

[행복을 부르는 10가지]
1. 언제나 좋은 말을 한다.
2. 욕, 뒷담화는 하지 않는다.
3. 어떤 때도 웃는 얼굴을 잊지 않는다.
4. 내가 먼저 인사한다.
5. 상대방의 이야기에 끝까지 귀를 기울인다.
6. 나와 다른 사람을 비교하려 하지 않는다.
7. 상대방의 단점이 아닌 장점을 보도록 한다.
8. 무슨 일이 일어나도 '이 정도라 다행이다'라고 믿는다.
9. 거울을 많이 보고, 나 자신을 사랑한다.
10. '죄송합니다'보다 '감사합니다'라고 한다.

佐藤 富雄　사토 도미오

작가이자 건강과학자, 의학박사, 농학박사. 대뇌·자립신경계와 인간의 행동·말의 관련성에 착안해 인생을 성공으로 이끈다는 '말버릇 이론'을 제창해 화제를 모았다. 저서는 《운명은 말버릇으로 결정된다(運命は「口ぐせ」で決まる)》 등. 루마니아 영사 등도 맡았다.

【幸せを呼ぶ10カ条】

1. いつも「いいこと」を口にする。

2. 悪口、陰口は言わない。

3. どんなときも笑顔を忘れない。

4. 自分から先に挨拶する。

5. 相手の話に最後まで耳を傾ける。

6. 自分と他者を比べようとしない。

7. 相手の短所ではなく、長所を見るようにする。

8. 何が起きても「これでよかった」と信じる。

9. たくさん鏡を見て、自分を好きになる。

10.「すみません」より「ありがとう」という。

単어

幸せ（しあわせ）행복 | 呼ぶ（よぶ）부르다 | ～条（じょう）~조, ~가지 | 悪口（わるぐち）욕, 악담 | 陰口（かげぐち）뒷담화 | 笑顔（えがお）웃는 얼굴 | 挨拶（あいさつ）인사 |
耳を傾ける（みみをかたむける）귀를 기울이다 | 他者（たしゃ）타자, 다른 사람 | 比べる（くらべる）비교하다 | 短所（たんしょ）단점 | 長所（ちょうしょ）장점 | 鏡（かがみ）거울

中学生は小学生の頃はよかったと言う。

高校生は中学生の頃はよかったと言う。

大学生は高校生の頃はよかったと言う。

社会人は学生の頃はよかったと言う。

老人は働いていた頃はよかったと言う。

いい加減気づいてほしい。

今が一番なことを。

중학생은 초등학생 때가 좋았다고 한다.
고등학생은 중학생 때가 좋았다고 한다.
대학생들은 고등학생 때가 좋았다고 한다.
사회인들은 학생 때가 좋았다고 말한다.
노인은 일할 때가 좋았다고 말한다.
슬슬 알아차렸으면 좋겠다.
지금이 가장 좋을 때라는 것을.

작자 미상

中学生は小学生の頃はよかったと言う。

高校生は中学生の頃はよかったと言う。

大学生は高校生の頃はよかったと言う。

社会人は学生の頃はよかったと言う。

老人は働いていた頃はよかったと言う。

いい加減気づいてほしい。

今が一番なことを。

とっつきやすい人は、一生得をします。
私が考える「とっつきやすい人」とは、
次の３つの条件を満たしている人です。
１. 笑顔の人
２. 自分から挨拶をする人
３. 自分から動く動作がみられる人

친해지기 쉬운 사람은 평생 이늑을 봅니다.
제가 생각하는 '친해지기 쉬운 사람'이란,
다음 세 가지 조건을 충족하는 사람입니다.
1. 잘 웃는 사람
2. 먼저 인사하는 사람
3. 먼저 움직이는 사람

平林 都　히라바야시 미야코

매너강사로 엘레강스 매너스쿨의 대표이사. '형태 없이는 마음은 전해지지 않는다'는 신념 하에 즐겁게, 기분 좋게, 웃는 얼굴이 되도록 하는 '접대'를 확산한다. 병원, 은행, 자동차판매점, 미용실, 양과자점 등에서 연간 300건 이상의 접객 연수를 해내다. 저서에 《히라바야시표 어른의 대접 스파르타 레슨(平林流 大人の接遇 スパルタレッスン)》등.

とっつきやすい人は、一生得をします。

私が考える「とっつきやすい人」とは、

次の３つの条件を満たしている人です。

1．笑顔の人

2．自分から挨拶をする人

3．自分から動く動作がみられる人

단어

とっつきやすい 친근하다, 친해지기 쉽다 | **一生**(いっしょう) 평생 | **得をする**(とく) 득을 보다 | **条件**(じょうけん) 조건 | **満たす**(み)
채우다, 만족시키다 | **笑顔**(えがお) 웃는 얼굴 | **挨拶**(あいさつ) 인사 | **動く**(うご) 움직이다 | **動作**(どうさ) 동작

경험의 가치

「いい経験をしたな！」
終わったことは
そう思うしかないんです。

"좋은 경험을 했군!"
끝난 일은
그렇게 생각할 수밖에 없어요.

斎藤 一人　사이토 히토리

건강 식품등을 판매하는 '긴자마루칸'의 창업자. 허약 체질이었던 자신의 체질 개선을 위해서 독자적인 녹즙을 만들어 회사를 일으켰다. 고액 납세자 순위에서는 11년 연속 톱 10에 들어가, 그 중 2번은 1위였다.

「いい経験をしたな！」

終わったことは

そう思うしかないんです。

けいけん
経験 경험 | 終わる 끝나다 | 〜しかない ~할 수밖에 없다

人の欠点が気になったら、
自分の器が小さいと思うべきです。
他人の短所が見えなくなったら
相当の人物、長所ばかりが
見えてきたら大人物です。

남의 결점이 신경 쓰이면,
자기 그릇이 작다고 생각해야 합니다.
남의 단점이 안 보이게 되면
상당한 인물, 장점만이
보이기 시작하면 큰 인물입니다.

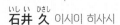

石井 久 이시이 히사시

기업가. '독안룡'이라는 필명으로 독자적인 시세 전망을 전문지등에서 전개해, '스탈린 폭락', '버블 붕괴' 등의 대시세를 적중시켰다. '최후의 상장사'라는 별명을 가진다. 인수한 다치바나 증권 경영에서도 성공해 막대한 부를 쌓았다.

人の欠点が気になったら、

自分の器が小さいと思うべきです。

他人の短所が見えなくなったら

相当の人物、長所ばかりが

見えてきたら大人物です。

038 　＼ 자신감

自信って、自分との約束を
守った量のこと。

자신감이란 자신과의 약속을
지킨 양이다.

작자 미상

自信って、自分との約束を
守った量のこと。

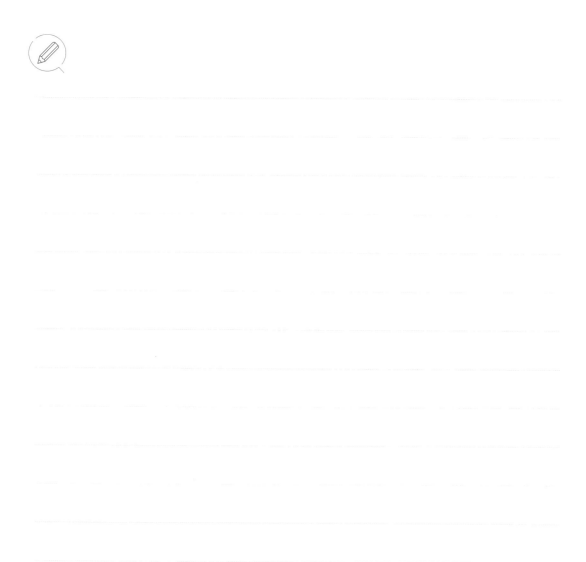

039 \ 길의 선택과 삶의 태도

Track 039

どの道を選ぶかではなく、
選んだ道を
どう生きるかが大切。

어떤 길을 택하느냐가 아니라,
선택한 길을
어떻게 사느냐가 중요하다.

작자 미상

どの道を選ぶかではなく、

選んだ道を

どう生きるかが大切。

좋아하는 것을 놓치지 마세요.

好きなことを見つけたらどんどんやるといい。
時間ができたら、なんて思っているうちに
そいつは離れていっちゃう。
追いかけて捕まえるなどと悠長に
構えているとね、その間に人生が終わってる。
人生はね、好きなことを後回しに
できるほど長くはないんだよ。

좋아하는 것을 발견하면 바로바로 하는 것이 좋아요.
시간이 생기면, 이라고 생각하고 있는 사이에
그 녀석은 멀어져 가요.
뒤쫓아 붙잡는 등 마음을 느긋하게
갖고 있으면, 그 사이에 인생이 끝납니다.
인생은, 좋아하는 것을 뒤로해도
될 정도로 길지는 않아요.

志茂田 景樹　시모다 가게키

소설가이자 그림책 작가, 탤런트, 낭독 대장. 보험조사원이나 주간지 기자 등을 하면서 집필 활동을 했다. 그때 쓴 《햇병아리 탐정(やっとこ探偵)》으로 소설 현대 신인상을 수상. 1980년 프로 작가 데뷔를 했다. 그 후 《누런 이빨(黄色い牙)》로 나오키상 수상. 기발한 패션도 특징. 최근에는 그림책의 읽어주는 활동도 하고 있다.

好きなことを見つけたらどんどんやるといい。
時間ができたら、なんて思っているうちに
そいつは離れていっちゃう。
追いかけて捕まえるなどと悠長に
構えているとね、その間に人生が終わってる。
人生はね、好きなことを後回しに
できるほど長くはないんだよ。

面倒くさいっていう
自分の気持ちとの戦いなんだよ！
世の中の大事なことって、
たいがい面倒くさいんだよ。

귀찮음이라고 하는
자기 마음과의 싸움이야!
세상의 중요한 일이란,
대부분 귀찮아.

宮崎 駿　미야자키 하야오

애니메이션 영화 감독. 1984년 개봉한 《바람계곡의 나우시카(風の谷のナウシカ)》로 각광받으며 《이웃집 토토로(となりのトトロ)》 등의 히트 작품을 연발. 《센과 치히로의 행방불명(千と千尋の神隠し)》으로 베를린국제영화제의 금곰상을 수상. 애니메이션 영화로는 첫 쾌거였다.

面倒くさいっていう
自分の気持ちとの戦いなんだよ！
世の中の大事なことって、
たいがい面倒くさいんだよ。

人間が変わる方法は三つしかない。
一つは時間配分を変える。
二番目は住む場所を変える。
三番目は付き合う人を変える。
（中略）
もっとも無意味なのは、「決意を新たにする」ことだ。
かつて決意して何か変わっただろうか。
行動を具体的に変えない限り、
決意だけでは何も変わらない。

인간이 변하는 방법은 세 가지밖에 없다.
첫 번째는 시간 배분을 바꾼다.
두 번째는 사는 곳을 바꾼다.
세 번째는 사귀는 사람을 바꾼다.
(중략)
가장 무의미한 것은 '새롭게 결심한다'는 것이다.
일찍이 결심해서 무언가 달라졌을까.
행동을 구체적으로 바꾸지 않는 한
결심만으로는 아무것도 변하지 않는다.

大前 研一 오마에 겐이치

경영 컨설턴트이자 기업가, 비즈니스 · 브레이크스루 대학 학장. '보더리스 경제학과 지역 국가론' 제창자. 경제의 보더리스화에 따른 기업의 국제화 문제, 도시의 발전을 중심으로 확산되고 있는 새로운 지역 국가 등의 개념에 대한 논문을 발표. 이 공적에 의해, 미국의 노트르담 대학으로 명예 법학 박사 학위를 수여받았다. '경영 사상가 베스트 50'에 역대 4회 랭크인 했다.

人間が変わる方法は三つしかない。

一つは時間配分を変える。

二番目は住む場所を変える。

三番目は付き合う人を変える。

(中略)

もっとも無意味なのは、「決意を新たにする」

ことだ。

かつて決意して何か変わっただろうか。

行動を具体的に変えない限り、

決意だけでは何も変わらない。

単어

変わる 변하다 | 方法 방법 | 配分 배분 | 変える 바꾸다 | 住む 살다, 거주하다 | 付き合う 사귀다 |
無意識 무의식 | 決意 결의, 결심 | 新たに 새롭게 | かつて 일찍이, 예전부터 | 具体的 구체적 | 〜限り ~한

一生懸命だと知恵が出る。
中途半端だと愚痴が出る。
いい加減だと言い訳が出る。

열심히 하면 지혜가 나온다.
어중간하면 불평이 나온다.
무책임하면 핑계가 나온다.

武田 信玄 다케다 신겐

전국 시대의 무장. 카이코쿠(현재의 야마나시현)의 슈고 다이묘. 에치고국(현재의 니가타현)의 무장 우에스기 켄신과의 '가와나카지마 전투'가 유명하다. 또한 정치적 수완도 있어 가마나시강에 제방을 쌓아 범람을 억제하고 닛타의 개발을 가능하게 하였다. 현재도 인기가 높은 전국 무장 중 한 명이다.

一生懸命だと知恵が出る。

中途半端だと愚痴が出る。

いい加減だと言い訳が出る。

単어

一生懸命 열심히 | 知恵 지혜 | 中途半端 어중간함 | 愚痴 푸념, 불평 | いい加減だ 무책임하다 | 言い訳 핑계, 변명

044 \ 한 번뿐인 인생

Track 044

一度きりの人生、ムダにしない。

自分は主人公。

他人にどう思われてもいい。

唯一の失敗は、挑戦しないこと。

堂々とものごとを恐れずに生きる。

人生はなんとかなる。

せっかくだから楽しもう。

みんなに感謝と愛情。

한 번뿐인 인생, 낭비하지 않는다.
나는 주인공.
남이 어떻게 생각해도 좋다.
유일한 실패는 도전하지 않는 것이다.
떳떳하게 매사에 두려워하지 않고 산다.
인생은 어떻게든 된다.
모처럼이니까 즐기자.
모두에게 감사와 애정을.

厚切りジェイソン 아쓰기리 제이슨

미국 출신의 개그맨이자 회사 임원. 미국 IT기업의 일본법인 사장으로서 일본 방문. 일본 코미디 프로그램에 매료되어 개그맨이 되었다. 두 마리의 토끼를 잡으면서 독자적인 투자, 절약술로 재산을 쌓았다. 투자의 이익만으로 가족이 생활할 수 있게 됐고, 2021년 출간된 저서 《제이슨표 돈 늘리는 법(ジェイソン流お金の増やし方)》은 베스트셀러에 올랐다.

一度きりの人生、ムダにしない。

自分は主人公。

他人にどう思われてもいい。

唯一の失敗は、挑戦しないこと。

堂々とものごとを恐れずに生きる。

人生はなんとかなる。

せっかくだから楽しもう。

みんなに感謝と愛情。

단어

<ruby>一度きり<rt>いちど</rt></ruby> 한 번뿐 | ムダ 쓸데없음, 낭비 | <ruby>主人公<rt>しゅじんこう</rt></ruby> 주인공 | <ruby>他人<rt>たにん</rt></ruby> 타인, 남 | <ruby>唯一<rt>ゆいいつ</rt></ruby> 유일 | <ruby>失敗<rt>しっぱい</rt></ruby> 실패 | <ruby>挑戦<rt>ちょうせん</rt></ruby> 도전 | <ruby>堂々と<rt>どうどう</rt></ruby> 당당하게, 떳떳하게 | ものごと 모든 일, 매사 | <ruby>恐れる<rt>おそ</rt></ruby> 두려워하다, 무서워하다 | せっかく 모처럼 | <ruby>楽しむ<rt>たの</rt></ruby> 즐기다 | <ruby>感謝<rt>かんしゃ</rt></ruby> 감사 | <ruby>愛情<rt>あいじょう</rt></ruby> 애정

097

운을 끌어들이는 힘

ニコニコすることは、
いわば運を引き寄せる行為。
自分をパワースポット化する
行為と言ってもいいです。

싱글벙글하는 것은,
말하자면 운을 끌어들이는 행위.
자신을 파워 스폿화하는
행위라고 할 수 있습니다.

美輪 明宏 미와 아키히로

싱어송라이터 겸 배우. 초등학생때부터 성악을 배워 16세에 프로가수가 되어 긴자의 샹송다방 '긴바리'를 거점으로 활약. '메케 · 메케'나 '달구질의 노래'가 히트했다. 배우로서 미시마 유키오에게 열망받아 영화 《검은 도마뱀(黑蜥蜴)》에 주연해 절찬받는다. 미야자키 하야오 감독의 애니메이션 영화 《원령공주(もののけ姫)》에 성우로서 참가. 저서는 《인생노트(人生ノート)》, 《천성미어(天声美語)》 등 다수.

ニコニコすることは、

いわば運を引き寄せる行為。

自分をパワースポット化する

行為と言ってもいいです。

단어

ニコニコ 싱글벙글 | いわば 말하자면, 이를테면 | 運(うん) 운 | 引(ひ)き寄(よ)せる 끌어당기다 | 行為(こうい) 행위 | パワー
スポット 파워 스폿(운을 좋게 만드는 장소)

많은 실패와 노력

天才<ruby>天才<rt>てんさい</rt></ruby>じゃあるまいし
たくさん失敗<rt>しっぱい</rt>したらいい。
たくさん努力<rt>どりょく</rt>したらいい。

天才じゃあるまいし
たくさん失敗したらいい。
たくさん努力したらいい。

천재도 아니고
많이 실패했으면 좋겠다.
많이 노력했으면 좋겠다.

ボンボヤージュ　본보야지

1999년에 개설한 웹 사이트에서 동물 캐릭터에 '안심되는 한마디'를 곁들인 일러스트 등을 게재해, 반향을 일으켰다. 필명의 뜻은 프랑스어로 '좋은 여행'이지만 여행에는 관심이 없다고 한다. 저서는 《꼬마갤러리(ちびギャラリー) 시리즈》, 《여행본(旅ボン) 시리즈》 등.

天才じゃあるまいし
たくさん失敗したらいい。
たくさん努力したらいい。

天才 천재 | 〜じゃあるまいし ~도 아니고 | 失敗 실패 | 努力 노력

「今だけ幸せに生きること」
を考えてください。
人生って、長いように見えても
結局、今の連続ですから。
今、幸せな人は明日も、あさっても
幸せですよ。

'지금만 행복하게 사는 것'
을 생각해 주세요.
인생이란, 긴 것처럼 보여도
결국 지금의 연속이니까요.
지금 행복한 사람은 내일도 모레도
행복해요.

斎藤 一人　사이토 히토리

건강 식품등을 판매하는 '긴자마루칸'의 창업자. 허약 체질이었던 자신의 체질 개선을 위해서 독자적인 녹즙을 만들어 회사를 일
으켰다. 고액 납세자 순위에서는 11년 연속 톱 10에 들어가, 그 중 2번은 1위였다.

「今だけ幸せに生きること」
を考えてください。
人生って、長いように見えても
結局、今の連続ですから。
今、幸せな人は明日も、あさっても
幸せですよ。

たった一言が、人の心を傷つける。
たった一言が、人の心を温める。

단 한마디가 사람의 마음을 상처 입힌다.
단 한마디가 사람의 마음을 따뜻하게 한다.

小山 昇   고야마 노보루

기업인이자 무사시노 대표이사 사장. 더스킨의 프랜차이즈 사업과 중소기업 경영개선 컨설턴트 업무를 한다. 전국의 경영자가 만드는 '경영 연구회' 주최. '실천 경영 학원', '실천 간부 학원', '경영 계획서 세미나' 등, 전국 각지에서 연간 240회의 강연·세미나를 개최. 경영에 관한 저서도 다수.

たった一言が、人の心を傷つける。

たった一言が、人の心を温める。

今から20年後、
あなたはやったことよりも
やらなかったことに失望する。

지금으로부터 20년 후,
당신은 했던 일보다
하지 않았던 일에 실망한다.

マーク・トウェイン　마크 트웨인

미국 출신의 소설가. 《톰 소여의 모험》, 《허클베리 핀의 모험》이 대표작. 미국에서 가장 사랑받는 작가 중 한 명. 집필 활동으로 경제적 성공을 거두었지만 투자에 실패해 재산을 잃는다. 그 후 돈을 벌기 위해 전 세계에서 강연 활동을 했다.

今から20年後、
あなたはやったことよりも
やらなかったことに失望する。

単어

しつぼう
失望 실망

恋愛において一番大切なのは、
「愛し合う」ってことではなく
「信じ合う」ということ。

연애에 있어서 가장 중요한 것은,
"서로 사랑한다"는 것이 아니라
"서로 믿는다"는 것.

작자 미상

恋愛において一番大切なのは、
「愛し合う」ってことではなく
「信じ合う」ということ。

단어

恋愛（れんあい） 연애 | ～において ~에 있어서 | 愛し合う（あいあう） 서로 사랑하다 | 信じ合う（しんあう） 서로 믿다

\ 실패 없는 하루

失敗しなかった一日は、
何もしなかった一日だ。

실패하지 않은 하루는
아무것도 하지 않은 하루다.

中谷 彰宏 나카타니 아키히로

작가 겸 배우. 와세다 대학 제1 문학부 연극과를 졸업 후 하쿠호도 입사. 1991년에 독립해 나카타니 아키히로 사무소를 설립했다. 저서는 《새로운 일의 기술(新しい仕事術)》,《기회를 잡는 사람의 비즈니스 매너(チャンスをつかめる人のビジネスマナー)》,《1분으로 전하는 힘(1分で伝える力)》 등. 자기계발책을 중심으로 1000권 이상을 출판.

失敗しなかった一日は、

何もしなかった一日だ。

어른의 기분

自分（じぶん）の機嫌（きげん）を
他人（たにん）にとってもらうのが子供（こども）。
自分（じぶん）の機嫌（きげん）を
自分（じぶん）で上手（じょうず）にとれるのが大人（おとな）。

자신의 기분이
남에 의해 바뀌는 것이 아이.
자신의 기분을
스스로 능숙하게 다스릴 수 있는 것이 어른.

작자 미상

自分の機嫌を

他人にとってもらうのが子供。

自分の機嫌を

自分で上手にとれるのが大人。

단어

機嫌をとる (남의)비위를 맞추다, (나의)기분을 다스리다 | 他人 타인, 남 | 子供 어린이, 아이 | 上手だ
능숙하다, 익숙하다 | 大人 어른

努力^{どりょく}する人^{ひと}は希望^{きぼう}を語^{かた}り、
怠^{なま}ける人^{ひと}は不満^{ふまん}を語^{かた}る。

努力する人は希望を語り、
怠ける人は不満を語る。

노력하는 사람은 희망을 이야기하고,
게으른 사람은 불만을 이야기한다.

井上 靖 ^{いのうえ やすし}　이노우에 야스시

소설가 겸 시인. 마이니치 신문사에 입사한 후, 많은 작품을 써냈다. 1950년에 《투우(鬪牛)》로 아쿠타가와상을 수상하면서 창작활동에 전념하여 《덴표의 용마루(天平の甍)》에서의 예술 선장, 《러시아 취몽담(おろしや国酔夢譚)》에서의 일본문학대상, 《공자》에서의 노마문예상 등 다수 수상하였다. 1976년 문화훈장을 받았다.

努力する人は希望を語り、

怠ける人は不満を語る。

115

およそ惨（みじ）めなものは、
将来（しょうらい）のことを不安（ふあん）に思（おも）って、
不幸（ふこう）にならない前（まえ）に
不幸（ふこう）になっている心（こころ）です。

대체로 비참한 것은,
미래의 일을 불안하게 생각하고,
불행해지기 전에
불행해지고 있는 마음입니다.

セネカ 루키우스 안나이우스 세네카

로마 제국의 정치가이자 철학자, 시인. 칼리굴라제 시대의 재무관. 칼리굴라가 암살되고 클라우디우스가 황제에 오르자 그의 비 메살리나의 획책으로 간통죄로 코르시카 섬으로 추방된다. 8년여의 추방생활 끝에 로마로 돌아간다. 은둔생활에 들어가서는 열 정적으로 집필 활동을 했다.

およそ惨めなものは、

将来のことを不安に思って、

不幸にならない前に

不幸になっている心です。

단어

およそ 무릇, 대체로 | 惨めだ 비참하다 | 将来 장래, 미래 | 不安 불안 | 不幸 불행

117

055 누가 곁에 있어 주었는가.

Track 055

うまくいっているときは、
周(まわ)りに人(ひと)がたくさん集(あつ)まる。
だが、一番大切(いちばんたいせつ)なのは、
どん底(ぞこ)のとき
誰(だれ)がそばにいてくれたかや。

잘 되고 있을 때는,
주위에 사람들이 많이 모인다.
하지만, 제일 중요한 것은,
밑바닥일 때
누가 곁에 있어 주었는지이다.

野村(のむら) 克也(かつや) 노무라 가쓰야

전 프로야구 선수이자 감독. 1954년에 테스트생으로 난카이(현 소프트뱅크)에 입단. 3년차부터 주전 포수. 1965년에는 전후 첫 3관왕에 올랐다. 선두타자 1회, 홈런왕 9회, 타점왕 7회, MVP 5회, 베스트 나인 19회 등의 성적을 남긴다. 1990년에 야쿠르트의 감독으로 취임하여 팀을 리그 우승으로 4번, 일본 제일로 3번 이끌었다. 애칭은 '노무상'이다.

うまくいっているときは、

周りに人がたくさん集まる。

だが、一番大切なのは、

どん底のとき

誰がそばにいてくれたかや。

056 다양한 길

人の世に道は一つということはない。
道は百も千も万もある。

이 세상에 길은 하나일 수 없다.
길은 백이고 천이고 만이다.

坂本 龍馬 사카모토 료마

에도막부 말기의 도사 번사이자 지사, 경영자. 약체화된 에도막부를 도막하는 계기를 마련하였다. 사쓰마번과 조슈번의 동맹을 성공시켜 대정봉환을 도사번에게 제안하였으나 이 안은 도쿠가와 요시노부에게 진언되어 형식상으로는 막부가 소멸되었다. 1867년에 교토의 오미야에서 암살당했다. 이 말은 시바 료타로의 《료마가 간다(竜馬がゆく)》의 한 구절이다.

人の世に道は一つということはない。

道は百も千も万もある。

ひと　よ
人の世 인간 세계, 이 세상 | 道 길
　　　　　　　　　　　　　　　みち

057 인생의 눈금 Track 057

言い返したくなる人は、
小さな負けを受け入れる度量がないわけです。
人生の目盛りが小さいのかもしれません。
オセロゲームのように、
あとで大きく勝てばいいではありませんか。

말대꾸하고 싶어지는 사람은,
작은 패배를 받아들일 아량이 없는 것입니다.
인생의 눈금이 작을지도 모릅니다.
오셀로 게임처럼,
나중에 크게 이기면 되지 않겠어요?

藤沢 晃治　후지사와 고지

커뮤니케이션 연구가, 강연가.《알기 쉬운 설명의 기술(「分かりやすい説明」の技術)》,《알기 쉬운 문장의 기술(「分かりやすい文章」の技術)》,《알기 쉬운 표현의 기술(「分かりやすい表現」の技術)》의 고단샤 블루 백스 시리즈가 합계 65만부가 넘었다. 기업용 연수 강사로서 활약 중이며, '이해하기 쉽게 전하는 기술'을 테마로 교육 버라이어티 프로그램《세계 제일 듣고 싶은 수업》에 출연했다.

言い返したくなる人は、

小さな負けを受け入れる度量がないわけです。

人生の目盛りが小さいのかもしれません。

オセロゲームのように、

あとで大きく勝てばいいではありませんか。

058 변함없는 사람

良い時も、悪い時も同じ態度で
接してくれた人だけ信じられんだ、
そういう人と一生つきあっていきたい。

좋을 때나 나쁠 때나 똑같은 태도로
대해준 사람만 믿을 수 있다,
그런 사람과 평생 같이하고 싶다.

落合 博満　오치아이 히로미쓰

전 프로야구 선수이자 감독. 1979년에 롯데에 입단해, 사상 최연소(당시)인 28세에 3관왕을 달성. 그 후에도 활약을 계속해 사상 최다인 3번의 3관왕에 올랐다. 현역 은퇴 후에는, 야구 해설가·지도자로서 활동. 2004년에 주니치의 감독으로 취임해, 리그 우승이나 일본 제일로 이끌었다. 2011년에 '야구 전당'에 입성했다.

良い時も、悪い時も同じ態度で
接してくれた人だけ信じられんだ、
そういう人と一生つきあっていきたい。

良い 좋다 | 悪い 바쁘다 | 態度 태도 | 接する 접하다, 대하다 | 信じる 믿다 | 一生 일생, 평생 | つき
あう 교제하다, 사귀다, 같이하다

먹고, 듣고, 말하는 것으로

体は食べたもので作られる、
心は聞いた言葉で作られる、
未来は話した言葉で作られる。

몸은 먹은 것으로 만들어진다,
마음은 들은 말로 만들어진다,
미래는 했던 말로 만들어진다.

北原 照久   기타하라 데루히사

완구 수집가. 주식회사 토이즈 · 주식회사 토이즈 플래닝 대표이사. 양철 장난감 수집가의 1인자로 세계적으로 알려져 있다. '자신이 좋아하는 것을 비즈니스로서 성립시킨다'는 것을 실현시킨 기업가이다. 1986년 요코하마에 '양철 장난감 박물관'을 개관. 《운이 활짝! 무엇이든 감정단》에 감정사로서 출연하고 있다.

体は食べたもので作られる、

心は聞いた言葉で作られる、

未来は話した言葉で作られる。

体(からだ) 몸｜作(つく)られる 만들어지다｜心(こころ) 마음｜言葉(ことば) 말｜未来(みらい) 미래｜話(はな)す 말하다

自分と他人とを比べて何の意味があるのですか?
生まれも、性別も、年齢も、人種も。
色んなモノが違うのに。
比べるなら過去の自分と、今の自分を比べなさい。
そして昔はできなかったのに、
今は出来ることを見つけなさい。
そうすれば自分が少し好きになれますよ。

자신과 타인을 비교해서 무슨 의미가 있나요?
출신도, 성별도, 나이도, 인종도.
여러 가지가 다른데.
비교하려면 과거의 자신과 지금의 자신을 비교하세요.
그리고 전에는 할 수 없었는데,
지금은 할 수 있는 일을 찾으세요.
그렇게 하면 자신이 조금 더 좋아질 겁니다.

작자 미상

自分と他人とを比べて何の意味があるのですか?

生まれも、性別も、年齢も、人種も。

色んなモノが違うのに。

比べるなら過去の自分と、今の自分を比べなさい。

そして昔はできなかったのに、

今は出来ることを見つけなさい。

そうすれば自分が少し好きになれますよ。

単어

比べる 비교하다 | 意味 의미 | 生まれ 출신, 태생 | 性別 성별 | 年齢 연령, 나이 | 人種 인종 | 色んな 여러 가지 | 違う 다르다 | 過去 과거 | 昔 옛날, 예전 | 出来る 할 수 있다, 가능하다 | 見つける 찾다, 발견하다 | 少し 조금 | 好きになる 좋아하게 되다, 좋아지다

知らないのは恥でない、
知ろうとしないのが恥である。

모르는 것은 부끄러운 것이 아니다,
알려고 하지 않는 것이 부끄러운 것이다.

澤柳 政太郎 사와야나기 마사타로

문부 관료이자 교육자, 귀족원 칙선 의원. 문부 관료 시절 초등학교령을 개정해 의무교육 연한을 4년에서 6년으로 연장 및 의무
교육비 무상화를 했다. 퇴관 후에는 민간 교육가로 활동하다가 1917년에 성성초등학교를 설립하여 아동의 자발성을 중시하는
신교육 운동을 주도하였다. 저서는 《실제적 교육학(実際的教育学)》 등.

知らないのは恥でない、

知ろうとしないのが恥である。

他人と過去は変えられないが
自分と未来は変えられる。

타인과 과거는 바꿀 수 없지만
자신과 미래는 바꿀 수 있다.

エリック・バーン　에릭 번

미국의 정신과 의사. 교류 분석(Transactional Analysis: TA) 제창자. 교류 분석이란, 자기 자신의 인간 관계나 커뮤니케이션의 경향을 알고, 대인 관계의 문제를 해소하거나 트러블을 회피하기 위한 심리 요법. 교육, 간병, 비즈니스 등의 분야에서도 폭넓게 활용되고 있다.

他人と過去は変えられないが

自分と未来は変えられる。

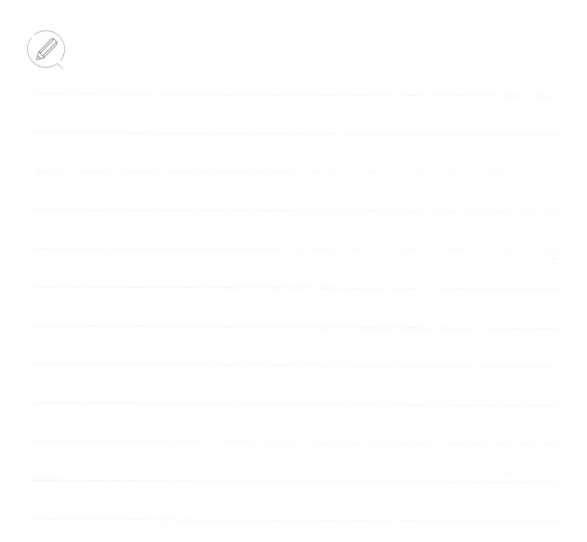

단어

他人 _{たにん} 타인, 남 | 過去 _{かこ} 과거 | 自分 _{じぶん} 자신 | 未来 _{みらい} 미래

性格は顔に出る。センスは服に出る。
生活は体に出る。美意識は爪に出る。
本音は仕草に出る。清潔感は髪に出る。
感情は声に出る。落ち着きのなさは足に出る。

성격은 얼굴에서 나온다. 센스는 옷에서 나온다.
생활은 몸에서 나온다. 미의식은 손톱에서 나온다.
속마음은 행동에서 나온다. 청결감은 머리카락에서 나온다.
감성은 목소리에서 나온다. 침착하지 못함은 다리에서 나온다.

작자 미상

性格は顔に出る。センスは服に出る。

生活は体に出る。美意識は爪に出る。

本音は仕草に出る。清潔感は髪に出る。

感情は声に出る。落ち着きのなさは足に出る。

性格(せいかく) 성격 | 顔(かお) 얼굴 | センス 센스 | 服(ふく) 옷, 복장 | 生活(せいかつ) 생활 | 体(からだ) 몸 | 美意識(びいしき) 미의식 | 爪(つめ) 손톱 | 本音(ほんね) 본심, 속내 | 仕草(しぐさ) 행동 | 清潔感(せいけつかん) 청결감 | 髪(かみ) 머리카락 | 感情(かんじょう) 감정 | 声(こえ) 목소리 | 落ち着き(おつき) 침착성, 차분함 | 足(あし) 발, 다리

日本では、どん底に落ちたら
あとは上がるだけだって言うけれど、
イタリアでは「どん底なら穴を掘れ」
って言うんですよ。
そこまでのしぶとさがあっていい。

일본에서는 구렁텅이에 빠져도
이제는 올라가는 것뿐이라고 말하지만,
이탈리아에서는 "구렁텅이에서는 구멍을 파라"
라고 하더라고요.
그만큼의 끈질김이 있어서 좋아요.

養老 孟司　요로 다케시

해부학자. 도쿄대학교 의학부 졸업. 도쿄대 의학부 교수를 지낸 후, 명예교수가 되었다. 1989년 《몸의 견해(からだの見方)》로 산토리 학예상 수상. 2003년 발간한 《바보의 벽(バカの壁)》은 같은 해 베스트셀러 1위에 올랐고, 제목인 '바보의 벽'은 신조어·유행어 대상을 수상했다. 그 밖에도 《유뇌론(唯脳論)》, 《손질이라는 사상(手入れという思想)》, 《유언(遺言)》, 《인간의 벽(ヒトの壁)》 등 저서 다수.

日本では、どん底に落ちたら
あとは上がるだけだって言うけれど、
イタリアでは「どん底なら穴を掘れ」
って言うんですよ。
そこまでのしぶとさがあっていい。

どん底(そこ) 밑바닥, 구렁텅이 | 落(お)ちる 떨어지다. 빠지다 | 上(あ)がる 오르다 | 穴(あな) 구멍 | 掘(ほ)る 파다 | しぶとさ
고집이 세다, 끈질기다

失敗の原因を素直に認識し、
「これは非常にいい体験だった。
尊い教訓になった。」
というところまで心を開く人は、
後日進歩し成長する人だと思います。

실패의 원인을 순순히 인정하고,
"이것은 매우 좋은 경험이었다.
값진 교훈이 됐다."
라고 하는 데까지 마음을 여는 사람은,
훗날 진보하고 성장하는 사람이라고 생각합니다.

松下 幸之助　마쓰시타 고노스케

마쓰시타 전기 산업(현 파나소닉) 창업자. 9세에 혼자 오사카의 난로 가게나 자전거 가게에서 일했다. 23세에 마쓰시타 전기기 구제작소(나중의 마쓰시타 전기 산업)를 창업. 일대에 세계 유수의 가전 메이커를 쌓아 올려 '학력도 돈도 없는 삶의 성공'이라고 말했다.

失敗の原因を素直に認識し、

「これは非常にいい体験だった。

尊い教訓になった。」

というところまで心を開く人は、

後日進歩し成長する人だと思います。

단어

失敗 しっぱい 실패 | **原因** げんいん 원인 | **素直** すなお 고분고분함, 순진함 | **認識** にんしき 인식 | **非常に** ひじょうに 매우, 상당히 | **体験** たいけん 체험, 경험 |
尊い とうと 귀하다, 값지다 | **教訓** きょうくん 교훈 | **後日** ごじつ 후일, 훗날 | **進歩** しんぽ 진보 | **成長** せいちょう 성장

준비의 시간

こんな頑張（がんば）ってるのに、
全然（ぜんぜん）上手（うま）くいかない。
それはまだ準備期間（じゅんびきかん）だから。
大丈夫（だいじょうぶ）、時（とき）がきたら
自然（しぜん）と上手（うま）くいく。

이렇게 열심히 하고 있는데,
제대로 되는 게 없어.
그건 아직 준비기간이기 때문이에요.
괜찮아요, 때가 되면
자연스럽게 잘될 거예요.

斉藤 美苑（さいとう びえん） 사이토 비엔

서예 강사. 어릴 때부터 서예를 가까이했다. 대학 졸업 후, 일반 기업에서 근무하는 한편, 서예 강사로서도 활동 개시. 학생수가 증가해 2013년에 강사로서 독립. 문화학교나 각지에서 워크숍 등을 실시한다. 2017년부터 시작한 인스타그램에서 손글씨가 인기를 끌었다. 저서에 《사랑받고 아름다운 글자가 되는 손글씨 레슨(くり返し使える魔法の練習帳付き！愛され美文字になるペン字レッスン)》이 있다.

こんな頑張ってるのに、

全然上手くいかない。

それはまだ準備期間だから。

大丈夫、時がきたら

自然と上手くいく。

自分にできないと考えている間は、
本当はそれをやりたくないと
心に決めているのだ。
だからそれは実行されはしない。

스스로 할 수 없다고 생각하는 동안은,
사실은 그걸 하고 싶지 않다고
마음먹고 있는 것이다.
그래서 그것은 실행되지 않는다.

バールーフ・デ・スピノザ 바뤼흐 스피노자

네덜란드 철학자. 데카르트, 라이프니츠와 함께 17세기 근세 합리주의 철학자로 알려져 있다. 칸트와 헤겔 등 독일 관념론과 마르크스 등 현대사상에 막강한 영향을 미쳤다. 그 초상은 네덜란드의 옛 화폐 1000길더 지폐에 그려져 있기도 했다. 저서에 《국가론》 등.

自分にできないと考えている間は、

本当はそれをやりたくないと

心に決めているのだ。

だからそれは実行されはしない。

인생은 즐기는 것

人生は耐え忍ぶためではなく、楽しむためにある。

인생은 참고 견디기 위해서가 아니라,
즐기기 위해 있다.

ゴードン・B・ヒンクレー 고든 B. 힝클리

미국 출신의 종교 지도자이자 작가. 말일 성도 예수 그리스도 교회(LDS 교회)의 제15대 회장을 지냈다. 2004년 미국 대통령 조지 W 부시로부터 자유훈장을 받았다.

人生は耐え忍ぶためではなく、

楽しむためにある。

<ruby>人生<rt>じんせい</rt></ruby> 인생 | <ruby>耐<rt>た</rt></ruby>え<ruby>忍<rt>しの</rt></ruby>ぶ 참고 견디다 | <ruby>楽<rt>たの</rt></ruby>しむ 즐기다

気が進まなくても時間は進む。
とりあえずやってみたら
あなた自身が一歩進む。

마음이 내키지 않아도 시간은 흐른다.
일단 해보면
당신 스스로가 한 걸음 나아간다.

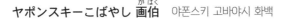

ヤポンスキーこばやし 画伯 야폰스키 고바야시 화백

개그맨. 코미디 콤비 '야폰스키'를 결성했지만, 2012년에 해산. 그 후, 야폰스키 코바야시 화백으로 활동 중. 스케치북이나 만화를 사용하여 개그를 한다. '헤노헤노모헤지(ひらがな의 'へ'를 눈썹과 입, 'の'를 눈, 'も'를 코, 'じ'를 얼굴 윤곽으로 하여 사람 얼굴을 그린 것)'를 사용해, 동물이나 애니메이션 캐릭터를 그리며, 소재는 5000종류 이상이다. 포켓몬을 좋아한다.

気が進まなくても時間は進む。
とりあえずやってみたら
あなた自身が一歩進む。

후회 없는 삶

今のこの人生を、もう一度そっくり
そのままくり返してもかまわない。
という生き方をしてみよ。

지금 이 인생을, 다시 한 번 완전히
똑같이 되풀이해도 상관없다.
라는 삶을 살아보자.

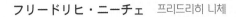

フリードリヒ・ニーチェ 프리드리히 니체

독일의 사상가, 철학자, 고전 문헌학자. '신은 죽었다'나 '초인' 같은 개념이 유명하다. 서양의 기독교를 중심으로 하는 가치관에 일석 던졌다. 반기독교 자세는 철학자로서는 이단이었다. 만년에는 심신 상태가 악화해 정신병원에서 지낸다. 저서 《차라투스트라는 이렇게 말했다》 등.

今のこの人生を、もう一度そっくり
そのままくり返してもかまわない。
という生き方をしてみよ。

단어

そっくりそのまま 그냥 그대로, 완전히 똑같이 | **くり返す** 되풀이하다, 반복하다 | **かまわない** 상관없
다 | **生き方** 삶, 생활

마음의 정화

Track 071

愚痴や弱音を吐けなくなったら
人間もおしまいかな。
やる気をまったくなくしたら
そんなもん逆さにしたって出てこやしない。
いちばんいけないのは愚痴や弱音を我慢して
心に抱えておくことなんだ。
どんどん吐いて心を浄化していこうよ。

불평이나 나약한 소리를 할 수 없게 되면
인간도 끝장인가.
의욕을 완전히 잃어버리면
그런 것은 거꾸로 해도 나오지 않는다.
가장 나쁜 것은 불평이나 나약한 소리를 참고
마음에 품어 두는 일이다.
계속 내뱉고 마음을 정화해 나가자.

志茂田 景樹 시모다 가게키

소설가이자 그림책 작가, 탤런트, 낭독 대장. 보험조사원이나 주간지 기자 등을 하면서 집필 활동을 했다. 그때 쓴 《햇병아리 탐정(やっとこ探偵)》으로 소설 현대 신인상을 수상. 1980년 프로 작가 데뷔를 했다. 그 후 《누런 이빨(黄色い牙)》로 나오키상 수상. 기발한 패션도 특징. 최근에는 그림책의 읽어주는 활동도 하고 있다.

愚痴や弱音を吐けなくなったら

人間もおしまいかな。

やる気をまったくなくしたら

そんなもん逆さにしたって出てこやしない。

いちばんいけないのは愚痴や弱音を我慢して

心に抱えておくことなんだ。

どんどん吐いて心を浄化していこうよ。

あなたがどれだけ頑張ったとしても、
上には上がいる。
でも、そこで下を見て
満足するような人間にはなるな。

당신이 아무리 노력해도,
위에는 위가 있다.
하지만 거기서 밑을 보고
만족하는 사람은 되지 마라.

작자 미상

あなたがどれだけ頑張ったとしても、

上には上がいる。

でも、そこで下を見て

満足するような人間にはなるな。

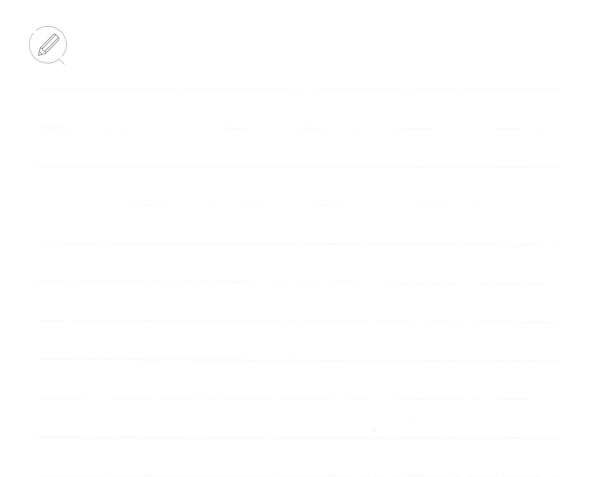

073 앞으로는 괜찮아질 뿐

「もうイヤだ！」と思えれば、
あとはよくなるだけ

'이젠 싫어!'라고 생각되면,
앞으로는 괜찮아질 뿐

斎藤 茂太 사이토 시게타

정신과 의사이자 수필가. '마음의 명의'로서, 일본 정신 병원 협회의 명예 회장을 맡으면서 집필이나 강연 활동을 했다. 풍부한 인생 경험이 뒷받침된 말로 사람들에게 삶의 희망을 준다. 시인인 아버지, 사이토 모키치의 글재주를 닮아, 정신 의학의 전문서나 취미의 여행 체험기 등을 집필했다. 애칭은 '모타 씨'.

「もうイヤだ！」と思えれば、
あとはよくなるだけ

人に好かれたいなら
人を好きになることだ。
やさしくされたいなら
やさしくしよう。
自分を信じてほしいなら
人を信じよう。

남에게 사랑을 받고 싶다면
남을 사랑해야 할 것이다.
친절하게 대접받고 싶다면
친절하게 하자.
자신을 믿어주길 바란다면
남을 믿자.

川藤 幸一　가와토 고이치

일본의 야구 만화 《ROOKIES》의 등장 인물. 후타코 타마가와 학원 고등학교의 국어 교사. 반년간의 활동 정지가 된 야구부의 문제아들에게, 다시 한 번, 꿈을 꿔 주었으면 하는 바람으로, 고문을 사 나오는 열혈 교사. 좌우명은 '꿈에 설레라, 내일은 빛나라!'

人に好かれたいなら
人を好きになることだ。
やさしくされたいなら
やさしくしよう。
自分を信じてほしいなら
人を信じよう。

그 한마디

「その一言」
その一言で 励まされ
その一言で 夢を持ち
その一言で 腹が立ち
その一言で がっかりし
その一言で 泣かされる
ほんのわずかな一言が
不思議に大きな力持つ
ほんの一寸の一言で

〈그 한마디〉
그 한마디로 격려를 받고
그 한마디로 꿈을 가지고
그 한마디에 화가 나고
그 한마디로 실망스럽고
그 한마디에 눈물짓는다
고작 한마디가
신기하게도 큰 힘을 가진다
아주 작은 한마디로

高橋 系吾　다카하시 게이고

도관산학원(도쿄도 아라카와구) 그룹 창설자. 일본의 미래를 위해서는 유아 교육이 중요하다고 해서, 도쿄도의 2개소에 유치원을 설립. 유치원 교사와 보육교사 양성에도 힘썼다. 다카하시 씨가 남긴 시 '그 한마디(その一言)'는 학원에서 비석이 되기도 했다.

「その一言」

その一言で 励まされ

その一言で 夢を持ち

その一言で 腹が立ち

その一言で がっかりし

その一言で 泣かされる

ほんのわずかな一言が

不思議に大きな力持つ

ほんの一寸の一言で

小さなことにこだわって、
人にやさしくできない自分。
そんな自分に
やさしくしてくれる人がいて、
小さい自分がイヤになりました。

작은 것에 고집해서,
남에게 친절하게 대하지 못하는 나.
그런 나에게
친절하게 대해주는 사람이 있어서,
작은 내가 싫어졌습니다.

작자 미상

小さなことにこだわって、

人にやさしくできない自分。

そんな自分に

やさしくしてくれる人がいて、

小さい自分がイヤになりました。

こだわる 고집하다, 집착하다 | **やさしい** 상냥하다, 친절하다

077 색다른 시야

高校の時、友達はみんな将来Googleで
働きたいって言ってた。
けど、私はそこで検索される人に
なりたいと思ってたの。

고등학교 때 친구들은 모두 나중에 구글에서
일하고 싶다고 말했다.
하지만 나는 그곳에서 검색되는 사람이
되고 싶다고 생각했다.

レディー・ガガ 레이디 가가

미국의 싱어송라이터 겸 음악 프로듀서. 2008년 데뷔 앨범 'The Fame'을 발매하자 기발한 코스튬과 압도적 퍼포먼스가 화제를 모으며 세계적인 아티스트의 자리에 오르게 된다. 대표곡은 'Born This Way', 'Poker Face' 등. 전 세계 음반 세일즈는 7000만 장을 돌파했다.

高校の時、友達はみんな将来Googleで
働きたいって言ってた。
けど、私はそこで検索される人に
なりたいと思ってたの。

078 　＼　미래를 위한 1분

どんなに忙しくても一分でいい。
寝る前だけは未来を考える。

아무리 바빠도 1분이라도 좋다.
자기 전만큼은 미래를 생각한다.

작자 미상

どんなに忙しくても一分でいい。

寝る前だけは未来を考える。

단어

どんなに 아무리, 얼마나 | 忙しい 바쁘다 | 未来 미래 | 考える 생각하다

<ruby>正<rt>ただ</rt></ruby>しいことを<ruby>言<rt>い</rt></ruby>うときは
<ruby>少<rt>すこ</rt></ruby>しひかえめにするほうがいい。
<ruby>正<rt>ただ</rt></ruby>しいことを<ruby>言<rt>い</rt></ruby>うときは
<ruby>相手<rt>あいて</rt></ruby>を<ruby>傷<rt>きず</rt></ruby>つけやすいものだと
<ruby>気付<rt>きづ</rt></ruby>いているほうがいい。

옳은 말을 할 때는
조금 조심스럽게 하는 것이 좋다
옳은 말을 할 때는
상대에게 상처를 주기 쉽다는 것은
알고 있는 것이 좋다.

吉野 弘 <ruby>よしの<rt></rt></ruby> <ruby>ひろし<rt></rt></ruby>   요시노 히로시

시인. 폐결핵으로 입원중에 시인 토미오카 케이지와 만나, 시를 목표로 했다. 시잡지 《시학(詩学)》, 《노(櫂)》에서 활약해 명성을 떨쳤다. 일상 속에 있는 사람의 나약함과 상냥함, 따뜻함을 평이한 말로 그리는 서정시인이다. 결혼 피로연에서 인용되는 《축혼가(祝婚歌)》나 일본 국어 교과서에도 게재된 《노을(夕焼け)》등이 대표작이며 시화집 《10 와트의 태양(10ワットの太陽)》 등이 있다.

正しいことを言うときは
少しひかえめにするほうがいい。
正しいことを言うときは
相手を傷つけやすいものだと
気付いているほうがいい。

今一生懸命に頑張っている姿は、絶対に、
どこかで誰かが見ていてくれるんだよ。
だから、後悔しないように頑張りなさい。

지금 열심히 노력하고 있는 모습은 분명히,
어디선가 누군가가 보고 있어줄 거야.
그러니 후회하지 않도록 노력해.

작자 미상

今一生懸命に頑張っている姿は、絶対に、
どこかで誰かが見ていてくれるんだよ。
だから、後悔しないように頑張りなさい。

単어

いっしょうけんめい
一生懸命 열심히 하다 | がんば
頑張る 힘내다, 노력하다 | すがた
姿 모습 | ぜったい
絶対に 무조건, 분명히 | こうかい
後悔 후회

오늘이 당신에게 가장 젊은 날입니다.

今日（きょう）できると思（おも）ったことは
今日（きょう）から始（はじ）めなさい。
あなたのこれからの人生（じんせい）で、
今日（きょう）が一番（いちばん）若（わか）いのだから。

오늘 할 수 있다고 생각한 것은
오늘부터 시작하세요.
당신의 앞으로의 인생에서,
오늘이 가장 젊으니까요.

작자 미상

今日できると思ったことは

今日から始めなさい。

あなたのこれからの人生で、

今日が一番若いのだから。

단어

今日 오늘 | できる 할 수 있다, 가능하다 | 始める 시작하다 | これから 앞으로, 이제부터 | 若い 젊다

他人<ruby>を幸福<rt>た　にん　　　こう ふく</rt></ruby>にするのは、
香水<ruby>をふりかけるようなものだ。<rt>こう すい</rt></ruby>

ふりかけるとき、
自分<ruby>にも数滴<rt>じ　ぶん　　　すう てき</rt></ruby>はかかる。

남을 행복하게 하는 것은,
향수를 뿌리는 것과 같다.
뿌릴 때,
자신에게도 몇 방울은 묻는다.

탈무드 격언

他人を幸福にするのは、

香水をふりかけるようなものだ。

ふりかけるとき、

自分にも数滴はかかる。

単어

こうふく
幸福 행복 | こうすい
香水 향수 | ふりかける 뿌리다 | すうてき
数滴 몇 방울

人生に後悔はつきもの。
後悔しないよう生きることは不可能。
どの選択をしても後悔をするのなら、
今、自分がそうしたいほうを
選択すればいい。

인생에 후회는 따라다니는 것.
후회하지 않고 사는 것은 불가능하다.
어떤 선택을 해도 후회를 한다면,
지금 내가 그렇게 하고 싶은 것을
선택하면 된다.

작자 미상

人生に後悔はつきもの。

後悔しないよう生きることは不可能。

どの選択をしても後悔をするのなら、

今、自分がそうしたいほうを

選択すればいい。

<ruby>自分<rt>じぶん</rt></ruby>で<ruby>壁<rt>かべ</rt></ruby>を<ruby>作<rt>つく</rt></ruby>って
<ruby>閉<rt>と</rt></ruby>じこもっている<ruby>若<rt>わか</rt></ruby>い<ruby>人<rt>ひと</rt></ruby>はいっぱいいる。
<ruby>自由<rt>じゆう</rt></ruby>に<ruby>生<rt>い</rt></ruby>きていいのに、
<ruby>自分<rt>じぶん</rt></ruby>で<ruby>生<rt>い</rt></ruby>きにくくしている、その<ruby>贅沢<rt>ぜいたく</rt></ruby>さ。
<ruby>壁<rt>かべ</rt></ruby>なんかないのにね。

스스로 벽을 만들어서
틀어박혀 있는 젊은 사람이 많다.
자유롭게 살아도 되는데,
스스로 살기 어렵게 만들고 있는 그 사치스러움.
벽 같은 건 없는데.

樹木 希林 <ruby>樹木 希林<rt>き き きりん</rt></ruby> 기키 기린

여배우. 유우키 치호라는 이름으로 여배우 활동을 시작해, TV 드라마 《시간됐어요(時間ですよ)》나 《테라우치 간타로 일가(寺内貫太郎一家)》로 안방극장의 인기 배우가 되었다. 1977년에 '기키 기린'으로 개명을 하였고 영화 《도쿄타워(東京タワー)》으로 일본 아카데미상 최우수 여우주연상을 수상하였다. 남편은 뮤지션인 고 우치다 유야이다.

自分で壁を作って

閉じこもっている若い人はいっぱいいる。

自由に生きていいのに、

自分で生きにくくしている、その贅沢さ。

壁なんかないのにね。

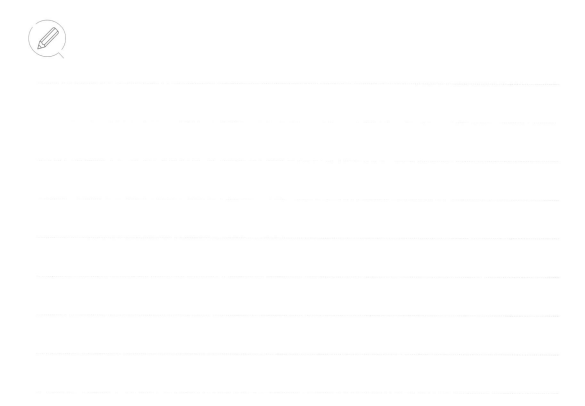

「結果を出す人」は
他人と自分を比較しません。
その比較対象は、
「昨日の自分」にあります。

'성과를 내는 사람'은
남과 자신을 비교하지 않아요.
그 비교 대상은,
'어세의 나'에 있습니다.

森本 貴義 모리모토 다카요시

선수 트레이너. 주식회사 리치 전무이사이자 ACETREATMENT LABORATORY 대표, 칸사이 의료 대학 객원 교수. 오릭스 블루
웨이브, 시애틀 매리너스, WBC 일본 대표 트레이너 등을 거쳐 프로골퍼 미야자토 유사쿠 선수와 시애틀 매리너스 투수 펠릭스
에르난데스의 퍼스널 트레이너도 맡았다.

「結果を出す人」は

他人と自分を比較しません。

その比較対象は、

「昨日の自分」にあります。

結果を出す 결과를 내다, 성과를 내다 | 他人 타인, 남 | 比較 비교 | 対象 대상

현재의 가능성

今はないものについて
考えるときではない。
今あるもので、
何ができるかを考えるときである。

지금은 없는 것에 대해서
생각할 때가 아니다.
지금 있는 것으로,
무엇을 할 수 있는가를 생각할 때이다.

アーネスト・ヘミングウェイ　어니스트 헤밍웨이

미국 출신의 소설가 · 수필가. 제1차 세계대전에 적십자의 일원으로 참가했다가 부상을 당했고, 제2차 대전에서는 종군기자가 되었다. 1952년에 발표한 《노인과 바다》로 퓰리처상, 노벨 문학상을 수상했으며 다른 대표작으로 《태양은 다시 떠오른다》, 《무기여 잘 있거라》 등이 있다. 1961년 정신병을 앓고 엽총 자살로 생을 마감한다.

今はないものについて

考えるときではない。

今あるもので、

何ができるかを考えるときである。

〜について ~에 대해서 | 考える 생각하다 | できる 할 수 있다

運^{うん}命^{めい}が決^きまるのは、
あなたが決^{けつ}断^{だん}する
瞬^{しゅん}間^{かん}なのだ。

운명이 결정되는 것은,
당신이 결단하는
순간인 것이다.

トニー・ロビンズ　토니 로빈스

미국 캘리포니아주 출신의 자기계발 작가이자 강연가, 멘탈 코치. 역동적이고 파격적인 스타일의 자기계발 세미나가 유명해 전 세계에 열광적인 팬들이 있다. 1986년에 간행한 《무한능력》은 전세계에서 1000만부가 넘는 대히트작이 되었고 현재도 전 세계에서 세미나를 진행하고 있다.

運命が決まるのは、
あなたが決断する
瞬間なのだ。

うんめい
運命 운명 | 決まる 정해지다, 결정되다 | 決断 결단 | 瞬間 순간
き　　　　　　　　　　　　　　　けつだん　　　　しゅんかん

人生はクローズアップで
見れば悲劇だが、
ロングショットで見れば
コメディだ。

인생은 가까이서
보면 비극이지만,
멀리서 보면
희극이다.

チャールズ・チャップリン　찰리 채플린

영국 출신의 영화 감독. 미국 할리우드에서 활약해 '20세기를 대표하는 희극왕'으로 불린다. 트레이드마크인 꼬마수염에 중절모와 스틱 분장을 하고 웃음과 눈물, 풍자와 애수에 찬 작품으로 평가받는다. 주요 작품으로 '모던 타임스'나 '위대한 독재자', '살인광시대' 등이 있다. 1975년 영국 왕실로부터 나이트 칭호를 받았다.

人生はクローズアップで
見れば悲劇だが、
ロングショットで見れば
コメディだ。

＼　현재를 살아라.

過去は追ってはならない。
未来は待ってはならない。
ただ現在の一瞬だけを
強く生きねばならない。

과거는 쫓아서는 안 된다.
미래는 기다려서는 안 된다.
단지 현재의 한순간만을
강하게 살아남아야 한나.

釈迦　석가모니

종교인이자 불교의 창시자. 본명을 고타마 싯다르타라고 하며 기원전 65세기경 네팔 서남부 룸비니(현재의 인도와 네팔 국경 부근)에서 석가족 왕자로 태어났다. 출가 후에 깨달음을 얻어 부처(佛陀)로 불렸다. 그의 가르침은 불교로서 현재도 전 세계적으로 널리 전해지고 있다.

過去は追ってはならない。

未来は待ってはならない。

ただ現在の一瞬だけを

強く生きねばならない。

もう<ruby>一歩<rt>いっぽ</rt></ruby>。
いかなる<ruby>時<rt>とき</rt></ruby>も<ruby>自分<rt>じぶん</rt></ruby>は<ruby>思<rt>おも</rt></ruby>う。
もう<ruby>一歩<rt>いっぽ</rt></ruby>。
<ruby>今<rt>いま</rt></ruby>が<ruby>一番大事<rt>いちばんだいじ</rt></ruby>なときだ。
もう<ruby>一歩<rt>いっぽ</rt></ruby>。

한 걸음 더.
어떤 때에도 나는 생각한다.
한 걸음 더.
지금이 가장 중요한 때이다.
한 걸음 더.

<ruby>武者小路<rt>むしゃのこうじ</rt></ruby> <ruby>実篤<rt>さねあつ</rt></ruby> 무샤노코지 사네아쓰

도쿄 출신. 자작가의 막내아들. 일본의 소설가이자 시인, 극작가, 화가. 1910년, 친구인 시가 나오야 등과 문학 잡지 《시라카바(白樺)》를 창간. 1918년, 미야자키현에서 '새로운 마을'의 유토피아 운동을 실천. 대표작으로 소설 《축하하는 사람(おめでたき人)》, 《우정(友情)》, 《사랑과 죽음(愛と死)》, 《진리 선생(真理先生)》, 희곡 《그 여동생(その妹)》, 《어느 청년의 꿈(ある青年の夢)》등이 있다. 1951년 문화훈장 수상. 명예 도민.

もう一歩。

いかなる時も自分は思う。

もう一歩。

今が一番大事なときだ。

もう一歩。

091 인생의 재미

背伸びして視野をひろげているうち、
背が伸びてしまうということもあり得る。
それが人生のおもしろさである。

발돋움을 하고 시야를 넓히는 동안,
키가 자라날 수도 있다.
그것이 인생의 재미다.

城山 三郎   시로야마 사부로

경제 소설의 개척자. 히토츠바시 대학을 졸업 후, 아이치 학예대학에 근무하지만, 응모한 소설 《수출(輸出)》이 '문학계' 신인상을 수상하였다. 다음 해인 1959년 《총회꾼 긴조(総会屋錦城)》로 제40회 나오키상을 수상. 1963년에는 대학을 그만두고 창작에 전념한다. 이후, 근대 일본의 역사상의 인물이나, 경제를 테마로 한 소설을 발표. 주된 작품으로 《타오르는 석양(落日燃ゆ)》, 《관료들의 여름(官僚たちの夏)》, 《이제, 너에게는 부탁하지 않는다(もう、きみには頼まない)》 등이 있다.

背伸びして視野をひろげているうち、
背が伸びてしまうということもあり得る。
それが人生のおもしろさである。

何より大事なのは、
人生を楽しむこと。
幸せを感じること。
それだけです。

무엇보다 중요한 것은,
인생을 즐기는 것.
행복을 느끼는 것.
그것뿐입니다.

オードリー・ヘプバーン 오드리 헵번

벨기에 출신의 할리우드 여배우. 영화 '로마의 휴일'로 데뷔해 아카데미상 여우주연상을 수상했다. '티파니에서 아침식사를', '마이 페어 레이디' 등의 명작에 출연했다. 노년에는 유니세프 친선대사로서 세계를 돌며 불우한 사람들, 난민의 지원에 힘썼다. 1992년에 미국의 대통령 자유 훈장을 수상했다.

何より大事なのは、

人生を楽しむこと。

幸せを感じること。

それだけです。

'카키쿠케코'의 정신

Track 093

カキクケコの精神
「カ」は感謝することに照れない。
「キ」は緊張感を楽しむ。
「ク」はくつろぐ。
「ケ」は決断力。
「コ」は好奇心を持ち続けること。

카키쿠케코의 정신
'카'는 감사하는 것에 부끄러워하지 않는다.
'키'는 긴장감을 즐긴다.
'쿠'는 편히 쉰다.
'케'는 결단력.
'코'는 호기심을 지켜가는 것.

塩月 弥栄子 시오쓰키 야에코

우라센케 14대가 모토치무네실의 장녀로서 교토에 태어났다. 도련님과 결혼하여 불편함이 없는 생활을 하고 있었지만, 4명의 아이를 남기고 가출. 상경하여, 후에 2살 연하의 의사와 재혼하는 등, 파란만장한 인생을 살았다. 다도의 예의범절을 배경으로 매스컴 등에서 활약해, 대표작 《관혼상제 입문(冠婚葬祭入門)》은 300만부를 넘는 베스트 셀러에 올랐다. 차명은 종심.

カキクケコの精神

「カ」は感謝することに照れない。

「キ」は緊張感を楽しむ。

「ク」はくつろぐ。

「ケ」は決断力。

「コ」は好奇心を持ち続けること。

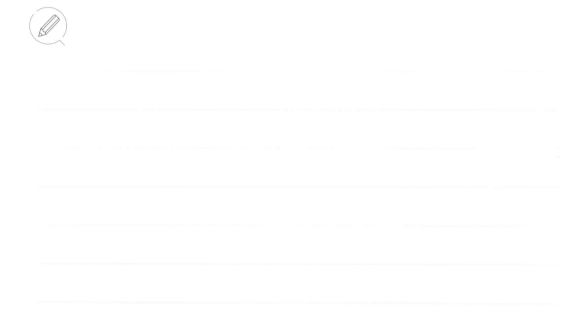

単어

精神 せいしん 정신 | **感謝** かんしゃ 감사 | **照れる** て 부끄러워하다 | **緊張感** きんちょうかん 긴장감 | **楽しむ** たの 즐기다 | **くつろぐ** 편안하다, 휴식하다 | **決断力** けつだんりょく 결단력 | **好奇心** こうきしん 호기심 | **持ち続ける** も つづ 유지하다, 지켜가다

094 생각하는 대로 살아라.

自分の考えたとおりに
生きなければならない。
そうでないと、
自分が生きたとおりに
考えてしまう。

자기가 생각하는 대로
살아야 한다.
그러지 않으면,
자기가 사는 대로
생각하게 된다.

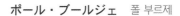

ポール・ブールジェ　폴 부르제

프랑스 출신의 작가. 시인으로 데뷔한 후 비평가로서 두각을 나타냈다. 그 후 시대의 풍속이나 사교계에서의 남녀관계 심리를 그리는 소설로 평가를 굳혔다. 작품에 평론 《현대심리론총집》, 소설 《제자》 등. 1885년부터 1935년 사이에 프랑스 레지옹 도뇌르 훈장을 5회 수여받았다. 노벨문학상에도 5차례 올랐다.

自分の考えたとおりに
生きなければならない。
そうでないと、
自分が生きたとおりに
考えてしまう。

095 \ 꿈을 이루기 위한 집념

Track 095

夢をかなえることのできる人間は、
必ず一種狂気に近いものを持っている。
叩いても叩いても息をふきかえして
崖から這い上がってくる、
ホラー映画の怪物のような執念。
それが必要なのだ。

꿈을 이룰 수 있는 인간은,
반드시 일종의 광기에 가까운 것을 가지고 있다.
때려도 때려도 되살아나서
벼랑에서 기어 올라오는,
공포영화의 괴물 같은 집념.
그것이 필요한 것이다.

中島 らも　나카지마 라모

효고현 출신. 명문 나다중고를 졸업 후 오사카 예술대학 방송학과 입학. 1984년부터 10년간 아사히신문에서 연재된 《밝은 고민 상담실(明るい悩み相談室)》로 주목 받았다. 소설 에세이 각본은 물론 강연 라이브 활동과 활동은 다양했다. 1992년 《오늘 밤 모든 바에서(今夜、すべてのバーで)》로 제13회 요시카와 에이지 문학 신인상, 1994년 《가다라의 돼지(ガダラの豚)》로 제47회 일본 추리 작가 협회상 장편상을 수상했다.

夢をかなえることのできる人間は、

必ず一種狂気に近いものを持っている。

叩いても叩いても息をふきかえして

崖から這い上がってくる、

ホラー映画の怪物のような執念。

それが必要なのだ。

「できること」が増えるより、
「楽しめること」が増えるのが
いい人生。

'할 수 있는 것'이 늘어나는 것보다,
'즐길 수 있는 것'이 늘어나는 게
좋은 인생.

斎藤 茂太　사이토 시게타

정신과 의사이자 수필가. '마음의 명의'로서, 일본 정신 병원 협회의 명예 회장을 맡으면서 집필이나 강연 활동을 했다. 풍부한 인생 경험이 뒷받침된 말로 사람들에게 삶의 희망을 준다. 시인인 아버지, 사이토 모키치의 글재주를 닮아, 정신 의학의 전문서나 취미의 여행 체험기 등을 집필했다. 애칭은 '모타 씨'.

「できること」が増えるより、
「楽しめること」が増えるのが
いい人生。

できる 할 수 있다, 가능하다 | 増える 늘다 | 楽しむ 즐기다 | 人生 인생

言っていることではなく、
やっていることが
その人の正体なのだ。

말하고 있는 것이 아니라,
하고 있는 것이
그 사람의 정체인 것이다.

斉藤 徹　사이토 도오루

일본 IBM을 거쳐, 2005년에 루푸스·커뮤니케이션을 창업. 소셜 시프트 제창자로서 지식사회에서의 조직개혁을 기업에 제언
한다. 2020년부터는 비즈니스·브레이크스루 대학 교수 취임. 2018년에는 사회인을 위한 온라인 스쿨 'hint 세미나'를 강의를
개설했다. 저서로 《재기동 리프트(再起動 リブート)》, 《소셜 시프트(ソーシャルシフト)》 등이 있다.

言っていることではなく、
やっていることが
その人の正体なのだ。

言う 말하다 ｜ やる 하다 ｜ 正体 정체

지금 현재만을 봐라.

楽観的でありなさい。
過去を悔やむのではなく、
未来を不安視するのでもなく
いま現在だけを見なさい。

낙관적으로 살아라.
과거를 후회하지 말고,
미래를 불안해하지도 말고
지금 현재만을 봐라

アルフレッド・アドラー　알프레드 아들러

오스트리아의 정신과 의사. 융, 프로이트와 어깨를 나란히 하는 정신의학 · 심리학계의 대가. 마흔여섯 살 때, 제1차 세계대전에 소집되어 마음이 병든 병사들의 치료에 종사했던 것이 '아들러 심리학'의 기초가 되었다. '인간은 자신의 행동을 스스로 결정한다', '인간은 저마다 독특한 라이프 스타일을 가지고 있다'라고 제창해, 자기 계발의 원류라고 불린다.

楽観的でありなさい。

過去を悔やむのではなく、

未来を不安視するのでもなく

いま現在だけを見なさい。

단어

楽観的（らっかんてき） 낙관적 | 過去（かこ） 과거 | 悔やむ（くやむ） 뉘우치다, 후회하다 | 未来（みらい） 미래 | 不安視する（ふあんしする） 불안하게 보다 | 現在（げんざい） 현재

友人とはあなたについて
すべてのことを知っていて、
それにもかかわらずあなたを
好んでいる人のことである。

친구란 당신에 대해서
모든 것을 알고 있지만,
그럼에도 불구하고 당신을
좋아하는 사람을 말한다.

エルバード・ハーバード　　앨버트 하버드

미국의 사상가이자 작가, 출판가. 1895년 뉴욕 주 이스트 오로라에 장인과 예술가들이 사는 집단 거주지를 만들었다. 동시에 출판사 '로이쿠로프터스'를 설립하고 잡지 《필리스틴》과 《시대》를 창간했다. 교육자, 강연가로도 활약하지만 승선해 있던 영국 여객선이 독일군의 무차별 공격을 받고 항해 중 잠적한다. 저서 《가르시아 장군에게 보내는 편지》는 당시 베스트셀러가 되었다.

友人とはあなたについて
すべてのことを知っていて、
それにもかかわらずあなたを
好んでいる人のことである。

<ruby>入学<rt>にゅうがく</rt></ruby>どころか、
おそらく<ruby>中学<rt>ちゅうがく</rt></ruby>の<ruby>卒業式<rt>そつぎょうしき</rt></ruby>もちゃんとできなくて、
（<ruby>今<rt>いま</rt></ruby>の<ruby>高校生<rt>こうこうせい</rt></ruby>の）<ruby>高校生活<rt>こうこうせいかつ</rt></ruby>っていうのは、
<ruby>僕<rt>ぼく</rt></ruby>たち<ruby>大人<rt>おとな</rt></ruby>が<ruby>過<rt>す</rt></ruby>ごしてきた
<ruby>高校生活<rt>こうこうせいかつ</rt></ruby>とはまったく<ruby>違<rt>ちが</rt></ruby>うんですね。
<ruby>青春<rt>せいしゅん</rt></ruby>って、すごく<ruby>密<rt>みつ</rt></ruby>なので。
でもそういうことは<ruby>全部<rt>ぜんぶ</rt></ruby>「ダメだダメだ」と<ruby>言<rt>い</rt></ruby>われて。
<ruby>活動<rt>かつどう</rt></ruby>はしていてもどこかでストップがかかって、
どこかでいつも<ruby>止<rt>と</rt></ruby>まってしまうような<ruby>苦<rt>くる</rt></ruby>しい<ruby>中<rt>なか</rt></ruby>で、
でも<ruby>本当<rt>ほんとう</rt></ruby>に<ruby>諦<rt>あきら</rt></ruby>めないでやってくれたこと。
（<ruby>中略<rt>ちゅうりゃく</rt></ruby>）

입학은커녕,
어쩌면 중학교 졸업식도 제대로 못 하고,
(지금의 고등학생의) 고등학교 생활이라는 것은,
우리 어른들이 지내온
고등학교 생활과는 전혀 다를 겁니다.
청춘이라는 것은 굉장히 촘촘해서(짧고 소중해서)
그런데 그런 걸 전부 '안 돼, 안 돼'라고 하니
활동은 하고 있어도 어딘가에서 제동이 걸리고,
어디선가 항상 멈춰버리는 듯한 괴로운 상황 속에서
그래도 정말 포기하지 않고 해주었습니다.
(중략)

入学どころか、

おそらく中学の卒業式もちゃんとできなくて、

(今の高校生の)高校生活っていうのは、

僕たち大人が過ごしてきた

高校生活とはまったく違うんですね。

青春って、すごく密なので。

でもそういうことは全部「ダメだダメだ」と言わ

れて。

活動はしていてもどこかでストップがかかって、

どこかでいつも止まってしまうような苦しい中で、

でも本当に諦めないでやってくれたこと。

(中略)

단어

入学 입학 | ～どころか ~는 커녕 | おそらく 아마, 어쩌면 | 中学 중학 | 卒業式 졸업식 | ちゃんと 제대로 | 高校生活 고교생활 | まったく 전혀 | 違う 다르다, 틀리다 | 青春 청춘 | 密 촘촘함, 꽉 들어참 | ダメだ 안 되다 | 活動 활동 | ストップがかかる 스톱이 걸리다, 제동이 걸리다 | 苦しい 괴롭다

目標になるチームがあったから、

どんな時でも諦めないで、

暗い中でも走っていけたので、

本当に、すべての高校生の努力の賜物が、

ただただ最後僕たちがここに立ったというだけなので。

ぜひ全国の高校生に

拍手してもらえたらなと思います。

목표로 하는 팀이 있어서,
어떤 때라도 포기하지 않고,
어두운 속에서도 달려갈 수 있었습니다.
정말로 모든 고등학생들의 노력 덕분에
그저 마지막에 저희가 여기 서 있다는 것뿐입니다.
꼭 전국의 고등학생에게
박수 쳐주셨으면 좋겠습니다.

須江 航　스에 와타루

2022년 여름의 전국 고등학교 야구 선수권 대회에서 센다이 육영 학원 고등학교 경식 야구부를 우승으로 이끌었다. 정보과 교사. 입학 초부터 코로나로 인해 활동이 어려웠던 3학년에게 '어떤 말을 하고 싶은가'라고 물어서 한 이 말은 많은 사람에게 감동을 주어 한순간에 화제가 되었다. '청춘이라는 촘촘함(青春って密)'은 2022년 신조어 · 유행어 대상 특별상을 수상했다.

目標になるチームがあったから、

どんな時でも諦めないで、

暗い中でも走っていけたので、

本当に、すべての高校生の努力の賜物が、

ただただ最後僕たちがここに立ったというだけな

ので。

ぜひ全国の高校生に

拍手してもらえたらなと思います。

001　『死ぬ時に後悔しないために今日から大切にしたいこと』中下大樹 著（すばる舎）
002　巨椋修のブログ https://ogura-osamu.hatenablog.com/entry/2019/04/09/140039
004　『絶対に成功する! 起業法』兼田武剛 著（PHP 研究所）
006　『一番わかりやすい はじめてのインド占星術』村上幹智雄 著（日本文芸社）
007　『ふりまわされない。小池一夫の心をラクにする300 の言葉』小池一夫 著（ポプラ社）
008　『世界一愚かなお金持ち、日本人』マダム・ホー 著（ディスカヴァー・トゥエンティワン）
009　『大人も気づいていない48 の大切なこと』Testosterone 著（学研プラス）
010　『死ぬ瞬間の5つの後悔』ブロニー・ウェア 著 二木めぐみ 訳（新潮社）
011　『それでもなお生きる』佐々木常夫 著（河出書房新社）
012　『習慣化は自己肯定感が10 割』中島 輝 著（学研プラス）
013　ヤポンスキーこばやし画伯オフィシャルブログ「ヤポンスキーこばやし画伯のお絵描き日記」https://ameblo.jp/yaponski/
014　『必ず感動する言葉が見つかる座右の銘2000』幸運社 編（KADOKAWA）
015　『心に「ガツン」と刺さる! ホンネの金言1240』西東社編集部 編（西東社）
018　@ yumekanau2 https://www.instagram.com/yumekanau2/
019　『自分のせいだと思わない。小池一夫の人間関係に執着しない233 の言葉』小池一夫 著（ポプラ社）
023　『ふりまわされない。小池一夫の心をラクにする300 の言葉』小池一夫 著（ポプラ社）
028　『ANGEL VOICE』古谷野孝雄 著（秋田書店）
031　会員誌「SIGNATURE」2018 年 6 月号（三井住友トラストクラブ）
033　『書くだけで夢がかなう魔法の手帖術』佐藤富雄 著（宝島社）
035　『平林都の接遇道』平林 都 著（大和書房）
036　『斎藤一人 人生が全部うまくいく話』斎藤一人 著（三笠書房）
037　『心に刺さる! 運命の言葉 偉人たちの名言集 日本の偉人編』浜本哲治 著（ゴマブックス）
040　志茂田景樹 Twitter https://twitter.com/kagekineko/status/224314432984064001?lang=cs
041　『ものの見方が変わる 座右の寓話』戸田智弘 著（ディスカヴァー・トゥエンティワン）
042　『毎日がポジティブになる! 元気が出る言葉366 日』西東社編集部 編（西東社）
044　『日本のみなさんにお伝えしたい48 のWhy』厚切りジェイソン 著（ぴあ）
045　「PRESIDENT Online」https://president.jp/articles/-/11708?page=2（プレジデント社）
046　『ちびギャラ』ボンボヤージュ 著（ゴマブックス）
047　『斎藤一人 幸せの名言集』斎藤一人 著（三笠書房）
048　『増補改訂版 仕事ができる人の心得』小山 昇 著（ CCCメディアハウス）
051　『人生は成功するようにできている』中谷彰宏 著（PHP 研究所）
053　『必ず出会える! 人生を変える言葉2000』西東社編集部 編（西東社）
055　『野村の流儀 人生の教えとなる257 の言葉』野村克也 著（ぴあ）
056　『竜馬がゆく』司馬遼太郎 著（文藝春秋）
057　『頭のいい人、悪い人の思考法』藤沢 晃治 著（三笠書房）
058　『人生の励みになるアスリートたちの言葉 勝言』アスリート勝言研究会 著（笠倉出版社）
059　『人は聞き方が9 割』永松茂久 著（すばる舎）
064　『25 歳の補習授業 学校で教わらなかった これからいちばん大切なこと』池上 彰・糸井重里・太田 光・姜尚 中・福岡伸一・養老孟司・渡邊美樹（小学館）
065　『[愛蔵版] 松下幸之助一日一話』PHP 総合研究所 編（PHP 研究所）
066　@美苑 https://www.instagram.com/p/BYWtulfhnR7/?hl=ja
068　「月刊女性情報」1996 年10 月号（パド・ウイメンズ・オフィス ）
069　ヤポンスキーこばやし画伯オフィシャルブログ「ヤポンスキーこばやし画伯のお絵描き日記」https://ameblo.jp/yaponski/
071　志茂田景樹Twitter https://twitter.com/kagekineko/status/102212448504913920?ref_src=twsrc%5Etfw
073　『会社、仕事、人間関係が「もうイヤだ」と思ったとき読む本』斎藤茂太 著（ あさ出版）
074　『ROOKIES』2巻 森田まさのり 著（集英社）
075　道灌山学園 学校の精神より
077　『人生はもっとニャンとかなる!―明日にもっと幸福をまねく68 の方法』水野敬也・長沼直樹 著（文響社）
079　『二人が睦まじくいるためには』吉野 弘 著（童話屋）
082　『インフラ系チートシート集』小林隆宏 著（インプレスR&D）
084　『樹木希林 120 の遺言 ～ 死ぬときぐらい好きにさせてよ』樹木希林 著（宝島社）
085　『一流の思考法 WBC トレーナーが教える「自分力」の磨き方』森本貴義 著（SB クリエイティブ）
087　『心に「ガツン」と刺さる! ホンネの金言1240』西東社編集部 編（ 西東社）
090　『お坊さんが書いた人生、どっしりとかまえる本』浅田宗一郎 著（PHP 研究所）
091　『アメリカ生きがいの旅』城山三郎 著（文藝春秋）
092　『オードリー・ヘプバーンという生き方』清藤秀人 監修（宝島社）
093　『元気手帳7 感謝編』(TKC 出版）
095　『人体模型の夜』中島らも 著（集英社）
096　『落ち込んだときに勇気がでる49 の言葉』本多 健 著（PHP研究所）
097　『だから僕たちは、組織を変えていける やる気に満ちた「やさしいチーム」のつくりかた』斉藤 徹 著（クロスメディア・パブリッシング）
100　2022年夏の全国高等学校野球選手権大会の決勝戦後の監督インタビュー

※ 최초의 발언자에 대한 확실한 정보가 없는 경우 작자 미상으로 표기했습니다. 정확한 정보를 아시는 분은 편집부로 연락 부탁드립니다. 또한, 명언이 다른 사람에 의해 약간 수정되어 발표되면서 후자가 유명해지는 경우가 있습니다. 이 책에 실린 명언 중에도 그런 경우가 있을 수 있으니, 관련 정보가 있으시면 연락 부탁드립니다.

※ 이 책의 명언은 가능한 원문에 입각한 표현을 사용하고 있으므로, everyday.meigen 인스타그램의 게시물과는 다소 다른 경우도 있습니다.

하루 5분
용기를 주는 일본어 필사

초판 1쇄 발행 2024년 12월 20일
초판 2쇄 발행 2025년 1월 20일

지은이 | @everyday.meigen
옮긴이 | 서인
발행인 | 김태웅
기획 편집 | 이서인
디자인 | 남은혜
마케팅 총괄 | 김철영
제 작 | 현대순

발행처 | (주)동양북스
등 록 | 제2014-000055호
주 소 | 서울시 마포구 동교로22길 14(04030)
구입 문의 | 전화 (02)337-1737   **팩스** | (02)334-6624
내용 문의 | 전화 (02)337-1762   **이메일** | dymg98@naver.com

ISBN 979-11-7210-082-7 13730